新三板并购
从入门到精通

方少华 编著

清华大学出版社
北京

图书在版编目(CIP)数据

新三板并购从入门到精通 / 方少华编著. -- 北京：清华大学出版社，2016
ISBN 978-7-302-44124-3

Ⅰ. ①新… Ⅱ. ①方… Ⅲ. ①中小企业—企业兼并—研究—中国 Ⅳ. ①F279.243

中国版本图书馆 CIP 数据核字(2016)第 133720 号

责任编辑：张立红
封面设计：张　宽
版式设计：方加青
责任校对：李跃娜
责任印制：沈　露

出版发行：清华大学出版社
　　　　网　　　址：http://www.tup.com.cn，http://www.wqbook.com
　　　　地　　　址：北京清华大学学研大厦 A 座　　　　　邮　　编：100084
　　　　社 总 机：010-62770175　　　　　　　　　　邮　　购：010-62786544
　　　　投稿与读者服务：010-62776969，c-service@tup.tsinghua.edu.cn
　　　　质 量 反 馈：010-62772015，zhiliang@tup.tsinghua.edu.cn
印 装 者：北京嘉实印刷有限公司
经　　销：全国新华书店
开　　本：170mm×240mm　　　　印　　张：14　　　　字　　数：233 千字
版　　次：2016 年 6 月第 1 版　　　印　　次：2016 年 6 月第 1 次印刷
定　　价：49.00 元

产品编号：070316-01

改革开放以来，中国出现了四次财富浪潮。第一次是个体户爆发期，时间从1978年到1986年，那时中国刚刚实行改革开放，个体户抢占商机，成为中国第一批富翁。第二次是炒股爆发期，从1986年到1992年，最先投资于股市的投资者大都一夜暴富。第三次是房地产爆发期，从90年代初期开始一直持续了十多年的时间。第四次是互联网爆发期，以百度、新浪等网站在美国上市为标志。每一次财富浪潮在引领中国经济发展的同时，也都使得一大批人发财致富，而新三板无疑会成为中国的第五次财富浪潮。

我国的中小企业数量众多，为促进就业、活跃经济做出了巨大贡献，而中小企业融资难的问题却一直制约着企业的发展。中小企业在创立初期往往需要巨额的资金支持，但其规模小、风险大的天生弱点使之难以获得银行贷款的支持，而通过其他途径获得的资金往往需要付出高额的利息成本，缺乏资金支持的中小企业发展举步维艰。为了推动中小企业发展，释放中小企业巨大的活力，创建专门服务于中小企业的资本市场就势在必行，新三板正是在这样的背景下应运而生。

新三板为中小企业提供了全新的融资途径，也为机构投资者和个人投资者创造了新的投资机会。企业通过在新三板市场发行股份、定向增发等途径进行融资，用成本较低的方式解决了中小企业融资难的问题，为企业的发展增添了活力。机构投资者也纷纷参与新三板相关业务，证券公司通过做市业务获得了差价收入，企业良好的发展前景也为库存股票升值创造了可能。基金公司、私募等投资机构也积极进行股权投资，以期未来退出时获得巨额利润。个人投资者可以通过购买机构发行的产品或者直接参与挂牌公司的股票买卖来参与新三板投资。新三板为参与各方都提供了很多获利机会，这也是新三板能够迅速发展并得到市场高度关注的原因之一。

越来越多信誉不错的公司登陆新三板也吸引了上市公司的目光，上市公司并购新三板企业越来越成为市场的热点。作为公众公司，新三板挂牌企业在日常经营和财务规范等方面都比其他中小企业有优势，信息也较透明，有成为良好并购对象的潜质。再加上新三板有不少具有技术优势和模式创新的公司，为上市公司谋求外延扩张或者跨界转型提供了众多可选择的标的。一方面，上市公司期望通过并购新三板挂牌扩大公司经营规模，增强竞争力；另一方面，新三板挂牌公司也可以通过被并购实现曲线上市（指未上市的公司通过收购或重组已上市的公司实现"借壳上市"）。相信在不久的将来，随着新三板市场的不断完善和挂牌公司数量的快速增长，新三板未来的并购案例会越来越多，将会成为我国资本市场的一大特色。

并购是一个较为复杂的过程，需要企业、律师、会计师等多方参与，并购包含的内容也比较多，如操作过程、尽职调查、对赌协议、风险与对策、价值评估等。本书通过对新三板并购的研究为读者了解该领域提供了帮助，并且将并购相关理论的叙述与现实中并购案例的分析相结合为读者描绘出一幅比较完整的新三板并购画面。

第一章主要介绍了新三板的基本概况，包括基本概念和新三板的起源与发展等内容。挂牌新三板能为企业带去许多显而易见的好处，如提升公司经营管理水平，提升企业公众形象和认知度，扩宽公司的融资途径等。本章通过对挂牌条件和挂牌流程的详细介绍，为拟挂牌公司提供了参考。

第二章详述了新三板并购的相关概念。本章介绍了包括并购基本理论、并购的动因、并购风险及对策、并购基本流程、并购尽职调查和并购对赌协议等内容。并购是一个较为复杂的过程，而且涉及很多参与方，本章旨在通过全面的介绍让读者对于并购相关内容有初步的了解。

第三章着重讨论并购企业估值。企业价值评估是并购过程中的一个核心环节，分析企业的价值通常要从行业和企业基本面入手，然后通过财务分析，运用合理的评估手段计算出企业的价值，为并购提供参考。本章首先叙述了目标企业基本状况的分析方法，然后详细介绍了并购中常用的价值评估方法，并指出了影响选择价值评估方法的因素。

第四章介绍了新三板并购经典案例，每个案例都从交易情况、双方概况、交易背景和目的以及被收购方评估加以讨论。对现实中并购案例的分析能使读者对于新三板并购有更直观的感受，鲜活的案例使得本书理论与实际相结合，更具可读性。

第五章对新三板进行了展望。随着新三板挂牌企业数量越来越多，企业质量越来越高，新三板将成为上市公司选择并购标的的优先市场。预计未来将通过推出竞价交易、降低投资者门槛、放宽机构做市资格等方式来提升新三板的流动性和交易活跃度；会有更多VC/PE机构介入，参与新三板财富盛宴；新三板挂牌企业作为并购主体，主动并购其他企业也会成为常态。

行业中的专家和学者对于新三板已有很多研究，本人从中汲取了丰富的知识，为本书的撰写创造了便利条件。此刻，我也衷心感谢我的家人和朋友，包括胡颖颖、方泓亮、雷雨、陈峰、赵敏、李全、罗顺、刘云俊、韦培、史涛、周俊、贺琼雯、胡树镀、纪桠先、王文清、漆铁、陈婕、程建英、肖长波、鲁一丁等，感谢他们的理解与支持。尽管经过总结和思考写出了这本书，倾注了极大的心血，力求使本书成为一部既有思想、有价值又有系统性、实用性的参考专著，但由于能力和水平等各种因素所限，书中不足在所难免，欢迎批评指正。

方少华

目 录

第一章　新三板基本概况

第二章　并购相关概念

第三章　并购企业估值

第四章　新三板并购经典案例

第五章　新三板并购展望

第一章
新三板基本概况

新三板全称是全国中小企业股份转让系统，是经国务院批准设立的全国性证券交易场所，为非上市股份有限公司的股份公开转让、融资、并购等相关业务提供服务。作为我国多层次资本市场体系建设的重要组成部分，新三板市场的成立是建设我国场外市场完善我国多层次资本市场体系的重要举措。全国中小企业股份转让系统有限责任公司是其运营管理机构，是经国务院批准设立的中国证监会直属机构。

第一节
新三板起源与发展

证券交易所研究设计联合办公室（下文简称联办）、NET（National Exchange and Trading）和STAQ（Securities Trading Automated Quotations，即全国证券交易自动报价系统）与新三板的起源有着千丝万缕的关系。20世纪80年代末，周小川、高西庆、禹国刚、汪建明、王波明等有志之士向管理层递交了一份《中国证券市场创办与管理的设想》，这是新中国最早提出创办股市的正式文件。这之后，联办于1989年3月15日正式成立，联办由九家全国性非银行金融机构发起和集资设立，并得到了中国政府有关主管部门的支持，是非营利、民间性、会员制事业单位，实行理事会领导下的总干事负责制。二十多年前改革之风吹遍中国大地，联办又改名为中国证券市场设计研究中心，积极参与中国一系列重要法律的起草工作，如《证券法》《公司法》等。与此同时，联办积极参加上海、深圳证券交易所的设计和筹建工作，组织实施第一次国债发行承销试点，连续三年担任国债发行承销"总协调"，为中国资本市场的创建与发展做出了卓越贡献。

1997年以前，沪深两大证券交易所不归属于中国证监会监管，而是分别归属于上海市政府和深圳市政府，很多运作方式和联办之前的规划都不一致。联办就产生了创造属于自己的交易市场的想法，STAQ市场便应运而生。之所以取名STAQ也是与NASDAQ（National Association of Securities Dealers Automated Quotations，纳斯达克，全称美国全国证券交易协会自动报价表）的起源相类似，早期NASDAQ是因为经纪商不满纽交所"豪门俱乐部"的模式而自己组建的交易系统，这和联办创立自己交易市场的情形如出一辙。

1990年12月5日，STAQ系统正式运行；1992年7月1日，法人股流通转让试点在STAQ系统开始试运行，开创了法人股流通市场；1993年4月，中国证券交易系统有限公司也组建了NET系统；NET系统在当时首先实现了债券净价交易，比沪深证券交易所早了十年，除了交易法人股外，还发行并且交易一些低资信债券。STAQ和NET并称"两网"，在当时，是与沪深交易所相比肩的交易市场。

1993—1995年A股遭受了长期熊市，反观STAQ和NET系统，众多机构的参与使其交易量曾经一度逼近了沪深主板市场的交易量。在STAQ和NET系统的带动下，也受到当时邓小平同志南方讲话及中共十四大的影响，各地的产权交易市场如雨后春笋般出现，当时受到影响比较大的地方产权交易市场有成都红庙子市场、武汉柜台市场、淄博自动报价系统等。

1996—1997年，A股市场大牛市吸引了大量社会资金涌入沪深交易所的主板市场；同时因为NET、STAQ市场只限于法人机构客户开户交易，投资者类型受到限制；而蜀都、海航等一批当时两网系统的优质公司又纷纷去交易所主板挂牌上市；NET、STAQ市场交易量开始急速下滑，逐步开始走向边缘化。与此同时，地方股权市场中的优质公司也纷纷选择沪深交易所主板市场上市，地方产权交易市场的流动性减少，不利于地方产权交易市场的发展。

1997年，中国证监会接管了沪深证券交易所监管权，交易所税收主导权也随之收归北京中央国税部门。监管权和税收主导权被剥夺，扫清了中央政府整顿场外股权交易市场的障碍。1997年11月，中央金融工作会议决定关闭非法股票交易市场。1998年，整顿金融秩序、防范金融风险成为第一要务，在这样的大背景下，国务院办公厅转发《证监会关于清理整顿场外非法股票交易方案的通知》，将非上市公司股票、股权证交易视为"场外非法股票交易"，予以明令禁止，随后STAQ、NET系统也相继关闭。

在经历了一段时间的沉寂后，中国产权交易市场在2000年出现转机，许多地方开始恢复、规范、重建了产权交易所，很多地方政府重新肯定"非上市股份有限公司股权登记托管业务"。从实质上而言，具有产权交易性质并更具有创新能力的技术产权交易市场在各地蓬勃兴起，这些交易机构全部都是由当地政府部门牵头发起设立的，联合、整合的趋势在多地产权交易所中蔓延。

为解决原STAQ、NET系统挂牌公司的股份流通问题，中国证券业协会于2001年推出了代办股份转让系统。该系统是指证券公司以其自有或租用的业务设施，为非上市公司提供的股份转让服务业务。代办股份转让系统建立初期规模很小，股票来源基本是原NET、STAQ系统挂牌的不具备上市条件的公司和从沪深股市退市的公司。

代办股份转让系统（即"旧三板"）的历史可以追溯到2001年7月16日。在第一批挂牌公司中，部分公司存在法人股历史遗留问题，例如：京中兴、清远建北、大自然等。此外，还有部分在NET、STAQ系统内的公司陆续在旧三板挂牌进行交易，例如：广建和粤传媒等。在此后的发展中，旧三板市场交易日渐活跃。特别在2001年后，我国主板市场中一些上市公司的问题逐步凸显，具有代表性的有蓝田股份、北方五环和环保股份等公司。这些问题公司从主板中退市，转向旧三板寻求新的发展机遇。在这样的背景下，旧三板聚集了许多有各式问题的挂牌公司，而这些公司中也没有一家成功进行转板进入A股市场。

面对我国场外交易市场发展滞后这一局面，北京中关村科技园区于2006年初建立新的股份转让系统，旨在为更多高科技成长型企业提供股份流动的机会。这一系统中的标的公司与"旧三板"明显不同，被形象地称为"新三板"。新三板与旧三板最大的不同是配对成交，设置30%幅度，超过此幅度时，要公开买卖双方的信息。

2007年的大牛市为场外市场带来了一些转机，粤传媒成为NET、STAQ遗留问题中第一家成功从旧三板跳升到A股主板上市的公司，登陆主板后粤传媒的股价大幅度上升，在短短几个月内连翻四倍多。而龙涤股份也差点成为主板退市公司中第一家回归的公司，可惜最后功亏一篑。

2009年，在金融危机之后，中国经济进入了新一轮转型期。为了进一步鼓励科技创新企业发展，2009年7月《证券公司代办股份转让系统中关村科技园区非上市股份有限公司股份报价转让试点办法（暂行）》正式实施。科技创新型企业迎来了发展的春天，世纪瑞尔等多家新三板企业陆续在A股的中小板和创业板市场上市，吸引了市场的广泛关注。

2012年9月20日，经国务院批准，全国中小企业股份转让系统有限责任公司在国家工商总局注册成立，注册资金30亿元，负责运营全国中小企业股份转让系统。上海证券交易所、深圳证券交易所、中国证券登记结算有限责任公司、上海期货交易所、中国金融期货交易所、郑州商品交易所、大连商品交易所为该公司股东单位。

同年，国务院决定扩大新三板市场规模，首批扩大试点包括上海张江高新技术产业开发区、武汉东湖新技术产业开发区和天津滨海高新区。2013年底，新三板标的企业已不受国家高新区限制，凡是符合新三板条件的企业都可选择挂牌新三板。从2013年开始到2014年上半年，新三板市场得到了快速发展，近两年A股市场IPO（Initial Public Offerings，首次公开募股）停滞的局面使得众多待上市公司亟待分流，为新三板的发展创造了良好的机遇。

第二节
新三板挂牌条件

一、挂牌条件

根据《全国中小企业股份转让系统业务规则（试行）》之规定，股份有限公司申请股票在全国股份转让系统挂牌，不受股东所有制性质的限制，不限于高新技术企业，应当符合条件如表1-1所示。

表1-1　挂牌条件

条件	备注
依法设立且存续满两年	有限责任公司整体改制的可连续计算
业务明确，具有持续经营能力	专注于1～2项主营业务
公司治理机制健全，合法规范经营	设立董事会、监事会等健全的公司架构
股权明晰，股票发行和转让行为合法合规	拥有清晰的股权结构
主办券商推荐并持续督导	主办券商需得到证监会认可，持续督导费每年5万元～20万元不等
全国股份转让系统公司要求的其他条件	详见表1-2

资料来源：全国中小企业股份转让系统

二、其他要求

表1-2　其他要求

序号	要求
1	申请挂牌公司应当与主办券商签订推荐挂牌并持续督导协议，按照全国股份转让系统公司的有关规定编制申请文件，并向全国股份转让系统公司申报
2	全国股份转让系统公司对挂牌申请文件审查后，出具是否同意挂牌的审查意见
3	申请挂牌公司取得全国股份转让系统公司同意挂牌的审查意见后，按照全国股份转让系统公司规定的有关程序办理挂牌手续；申请挂牌公司应当在其股票挂牌前与全国股份转让系统公司签署挂牌协议，明确双方的权利、义务和有关事项
4	申请挂牌公司应当在其股票挂牌前依照全国股份转让系统公司的规定披露公开转让说明书等文件
5	申请挂牌公司在其股票挂牌前实施限制性股票或股票期权等股权激励计划且尚未行权完毕的，应当在公开转让说明书中披露股权激励计划等情况
6	申请挂牌公司在其股票挂牌前，应当与中国证券登记结算有限责任公司签订证券登记及服务协议，办理全部股票的集中登记
7	挂牌公司控股股东及实际控制人在挂牌前直接或间接持有的股票分三批解除转让限制，每批解除转让限制的数量均为其挂牌前所持股票的三分之一，解除转让限制的时间分别为挂牌之日、挂牌期满一年和两年
8	挂牌前12个月以内控股股东及实际控制人直接或间接持有的股票进行过转让的，该股票的管理按照前款规定执行，主办券商为开展做市业务取得的做市初始库存股票除外。因司法判决、继承等原因导致有限售期的股票持有人发生变更的，后续持有人应继续执行股票限售规定
9	股票解除转让限制，应由挂牌公司向主办券商提出，由主办券商报全国股份转让系统公司备案。全国股份转让系统公司备案确认后，通知中国结算办理解除限售登记

资料来源：全国中小企业股份转让系统

三、新三板挂牌条件与主板、创业板的比较

表1-3　新三板挂牌条件与主板、创业板的比较

财务指标	全国股份转让系统	创业板		主板、中小板
		标准一	标准二	
净利润	无硬性指标要求	最近两年连续盈利，最近两年净利润累计不少于1000万元	最近一年盈利，且净利润不少于500万元	净利润最近三年为正，且累计超过3000万元，最近一期不存在未弥补亏损
营业收入或现金流	无硬性指标要求	—	最近一年营业收入不少于5000万元	最近三年营业收入累计超过3亿元，或最近三年经营现金流量净额累计超过5000万元
股本要求	股本500万元以上	发行后总股本不低于3000万股		发行后总股本不低于5000万股
资产要求	无硬性指标要求	最近一期末净资产不少于2000万元		最近一期末无形资产（扣除土地使用权、水面养殖权和采矿权等）占净资产比例不高于20%
存续时间	具有两年持续经营记录	依法设立且持续经营三年以上		依法设立且合理存续

初创期的企业往往对资金的需求较大，迫切希望通过资本市场进行融资。而无论是创业板、主板还是中小板对企业的财务指标都有较高的要求，初创期的企业难以达到。相比较可以发现，新三板对于企业的净利润、营业收入、资产等都无硬性要求，特别适合初创期的小微企业，较宽松的挂牌条件有利于小微企业通过资本市场获取发展所需资金并逐渐壮大。

第三节
新三板挂牌流程

新三板的挂牌速度较快，从通常意义上讲，如拟挂牌公司需进行股改，

需要两到三个月；主办券商尽职调查及内核一到两个月；协会审查（包括反馈时间）需要两个月；经协会核准后可以进行股份登记挂牌，全部流程预计需要半年左右的时间，当然，如果企业自身存在法律或财务等某方面的障碍需要整改的，上述时间会随着整改进度而有所调整。（如图1-1所示）

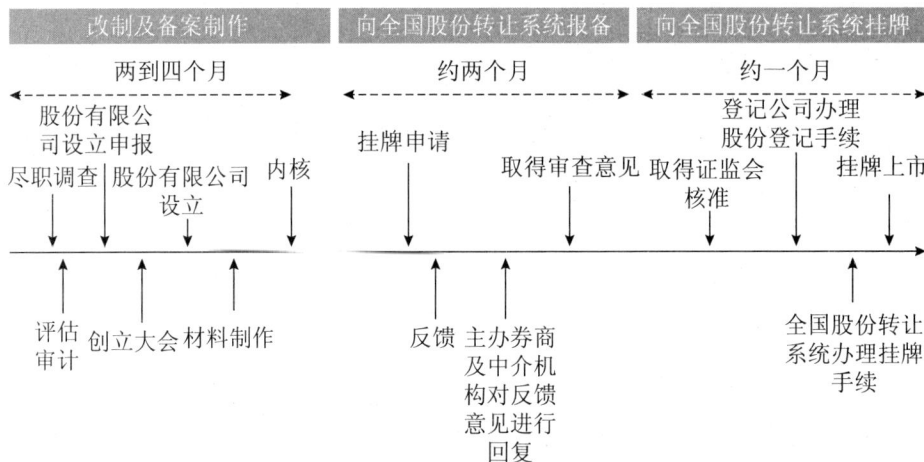

图1-1　企业申请挂牌的业务流程

一、股份制改造

根据《全国中小企业股份转让系统业务规则》，新三板的挂牌主体要求为股份有限公司。我国的中小企业大多是以有限责任公司的形式存续，股份制改造是有限责任公司新三板挂牌的必经之路。

1. 股份制改造的法律依据

《中华人民共和国公司法》第九条：有限责任公司变更为股份有限公司，应当符合本法规定的股份有限公司的条件。股份有限公司变更为有限责任公司，应当符合本法规定的有限责任公司的条件。第七十六条：设立股份有限公司，应当具备条件如表1-4所示。

表1-4　设立股份有限公司应具备条件

序号	条件
1	发起人符合法定人数
2	有符合公司章程规定的全体发起人认购的股本总额或者募集的实收股本总额

（续表）

序号	条件
3	股份发行、筹办事项符合法律规定
4	发起人制订公司章程，采用募集方式设立的经创立大会通过
5	有公司名称，建立符合股份有限公司要求的组织机构
6	有公司住所

资料来源：中华人民共和国公司法

2. 原则和目标

企业拟在新三板挂牌，进行的股份制改造应遵循的原则如表1-5所示。

表1-5 股份制改造应遵循原则

序号	原则
1	应依照《中华人民共和国公司法》《全国中小企业股份转让系统业务规则》等规定规范操作，遵循公开、公平、公正的原则
2	应有利于促进资产及资产权属的独立性、完整性
3	应有利于避免同业竞争、减少并规范关联交易
4	应有利于促进资产及业务整合，将主营业务做大做强，形成核心竞争力和持续发展能力
5	应有利于建立规范的法人治理结构，形成公司良治，促进公司资产、业务、财务、机构、人员的独立性

资料来源：全国中小企业股份转让系统

企业拟在新三板挂牌，进行的股份制改造的目标如表1-6所示。

表1-6 股份制改造的目标

序号	目标
1	使企业符合公司法的规定，并符合新三板的挂牌条件
2	建立产权明晰、决策民主、权责明确、管理科学、法人治理结构完善的现代企业
3	建立业务清晰、经营独立（资产完整、业务独立、财务独立、人员独立、机构独立）的运行方式及经营机制
4	对生产要素进行优化配置，提升主营业务核心竞争力，企业积极、稳健发展
5	通过股改方案使投资者获得企业的历史沿革、发展现状等稳定的信息

资料来源：全国中小企业股份转让系统

3. 股份制改造的程序

表1-7　股份制改造的程序

序号	程序
1	企业成立筹委会，聘请券商、律师事务所、会计师事务所开展工作
2	由中介机构共同确定改制方案、完成股权整合变更事宜
3	出具《尽职调查报告》《审计报告》《资产评估报告》
4	确定发起人，签署发起人协议
5	申请名称预核准
6	制定公司章程
7	召开股东（创立）大会
8	申请工商变更登记

资料来源：全国中小企业股份转让系统

4. 股份制改造应注意的时间点

创立大会召开日与有限责任公司临时股东会召开日之间不得少于十五日。《公司法》第九十条规定："发起人应当在创立大会召开十五日前将会议日期通知各认股人或者予以公告。"因此有限责任公司召开临时股东会、变更公司组织形式形成决议的日期，应在创立大会召开十五日前。

创立大会结束后三十日内申请工商登记。申报财务报表最近一期截止日不得早于改制基准日。根据《全国中小企业股份转让系统股票挂牌条件适用基本标准指引》规定："申报财务报表最近一期截止日不得早于改制基准日。"因此改制基准日应在财务报表最近一期截止日之前，或者二者在同一天。

财务报表在其最近一期截止日后六个月内有效。《全国中小企业股份转让系统公开转让说明书内容与格式指引（试行）》第六条："申请挂牌公司编制公开转让说明书应准确引用有关中介机构的专业意见、报告和财务会计资料，并有充分的依据。所引用的财务报表应由具有证券期货相关业务资格的会计师事务所审计，财务报表在其最近一期截止日后六个月内有效。特殊情况下申请挂牌的公司可申请延长，但延长期最多不超过一个月。"

二、主办券商尽职调查

主办券商对拟挂牌企业开展尽职调查应当尽职尽责，对拟挂牌企业的业务、财务、法律等各方面进行认真的调查，以确保企业符合新三板挂牌条件。企业所提供的各种资料与文件须完整真实。

主办券商将针对新三板项目组建专门项目团队，并组织协调会计师事务所、律师事务所、评估事务所等中介机构一同工作。项目团队制定项目具体操作方案和工作进度表，协调其他中介机构及拟挂牌公司之间的关系，保障项目进度。资产评估公司、会计师事务所、律师事务所等中介机构完成相应的审计和法律调查工作后，项目小组复核《资产评估报告》《审计报告》《法律意见书》等文件，根据《主办券商尽职调查工作指引》，从财务、法律和行业三个方面入手，开展对拟挂牌公司内部控制、财务状况、业务状况、持续经营能力、公司治理和合法合规等事项的尽职调查，发现其中的问题并加以纠正，与挂牌主体和各中介机构通力合作，对拟挂牌公司历史上存在的诸如出资瑕疵、关联交易、同业竞争等问题加以修正，建立健全公司法人治理结构，规范公司运作，协助公司制定可行的持续发展战略，把握企业的营利模式、市场定位、核心竞争力等亮点并制作《股份报价转让说明书》《尽职调查报告》及工作底稿等申报材料。

三、主办券商内核

主办券商内核是指主办券商内部的审核委员会对项目资料和文件进行审核，决定是否向股转公司进行推荐，这是项目流程中比较重要的一步。内核委员会对项目小组制作的《股份报价转让说明书》及《尽职调查报告》等相关备案文件进行审核，不准确和不完善的地方敦促项目小组修改。审查项目小组遵循勤勉尽职的原则对于拟挂牌公司进行了详细的尽职调查，对于拟挂牌公司存在的仍需调查或整改的问题，提出解决思路。同意推荐目标公司挂牌时，出具《推荐报告》。

四、报监管机构审核

监管机构审核是否通过，决定企业能否顺利挂牌。主办券商将挂牌所需文件上报至监管机构，监管机构决定受理的，向其出具受理通知书，自受理之日起50个工作日内，对备案文件进行审查，核查过程中发现问题时可以要求主办券商提出反馈意见，主办券商对问题进行答复；无异议的，则向主办券商出具备案确认函。

监管机构要求主办券商对备案文件予以补充或修改的，受理文件时间自收到主办券商的补充或修改意见的下一个工作日起重新计算。备案文件经多次反馈仍有异议，决定不予备案时，应向主办券商出具书面通知并说明原因。

第四节
新三板对企业的价值

一、扩宽企业融资途径

新三板致力于发展成为中国的纳斯达克，为中小企业提供融资途径。新三板秉承开放包容的态度，对于挂牌公司的要求较为宽松，更在意公司未来的发展前景。2013年全国中小企业股份转让系统建立后，新三板市场不断完善各项融资方式，股权融资与债券融资双管齐下。未来优先股，可转债、可交易的私募债都将是这个市场有力的融资工具。

1. 定向增发

新三板定向增发是指新三板挂牌公司向特定对象发行股票的行为。定向增发是新三板股权融资的重要组成部分，能够大大缓解新三板挂牌企业资金短缺这一问题。开展定向增发的企业所覆盖的行业较为广泛，其中信息软件类企业数量较多；而从募集资金金额这一角度看，金融类企业占据优势。中小企业在发展初期往往会受资金限制，新三板市场为企业提供了非常好的融资途径，这样的资金支持大大促进了企业的发展。

（1）定向发行制度。

①挂牌的同时可以进行定向发行。

《全国中小企业股份转让系统业务规则（试行）》第4.3.5条："申请挂

牌公司申请股票在全国股份转让系统挂牌的同时定向发行的，应在公开转让说明书中披露。"该条明确了企业在新三板挂牌的同时可以进行定向融资。

为了缩小新三板与主板、创业板在融资功能方面的差距，提升新三板的竞争力，新三板允许挂牌企业在挂牌同时进行定向发行，但并不是一个强制要求，拟挂牌企业可以根据自身对资金的需求来决定是否进行股权融资，以避免股份被过度稀释的情况出现。与此同时，企业在挂牌同时进行定向发行可以增加股份供给，有助于解决做市商库存股不足这一问题。

②定向增资无限售期要求。

最新的业务规则规定，定向增发的股票无限售要求，股东可随时转让。业务规则不再对新三板增资后的新增股份限售期进行规定，定向增发对象自愿做出关于股份限售方面有特别约定的除外。

无限售期要求的股东不包括公司的董事、监事、高级管理人员所持新增股份，其所持新增股份应按照《公司法》第142条的规定进行限售：公司董事、监事、高级管理人员应当向公司申报所持有的本公司的股份及其变动情况，在任职期间每年转让的股份不得超过其所持有本公司股份总数的25%；所持本公司股份子公司股票上市交易之日起一年内不得转让。上述人员离职后半年内，不得转让其所持有的本公司股份。

③定向增发对象。

《非上市公众公司监管办法》第39条规定：本办法所称定向发行包括向特定对象发行股票导致股东累计超过200人，以及股东人数超过200人的公众公司向特定对象发行股票的两种情形。前款所称特定对象的范围包括下列机构或者自然人：公司股东；公司的董事、监事、高级管理人员、核心员工；符合投资者适当性管理规定的自然人投资者、法人投资者及其他经济组织。核心工作的认定，应当由公司董事会提名，并向全体员工公示和征求意见，由监事会发表意见后经股东大会审议批准。

《监管办法》对发行对象和人数进行了规定：首先，公司在册股东认购定向发行的股份时，不占用35名认购投资者数量的名额，无形中扩大了认购对象的数量；其次，将董事、监事、高级管理人员、核心员工单独列示为一类特定对象，能够推动挂牌公司的董事、监事、高级核心人员持股，一方面有利于团队的稳定，一方面也有助于降低道德风险；再次，将核心员工纳入定向增资的人员范围，明确了核心员工的认定方法，使得原本可能不符合投资者适当性管理规定的核心员工也有了成为公司的股东的渠道和方法，且增资价格协商确定，有利于企业灵活进行股权激励，形成完善的公司治理机制和稳定的核心业务团队。值得注意的是，在新三板的定向增资中，要求给予在册股东30%以上的优先认购权，而在册股东可放弃该优先认购权。

（2）定向增发的投资者与定价。

①专业投资机构热情参与新三板定向发行。

专业的股权投资机构正积极参与新三板定向发行，成为新三板定向发行的重要参与方。相关数据显示，近三年有超过一半的定向发行募集资金来源于创投机构，一改以往发行对象集中在公司高管及核心技术人员的局面。

PE（Private Equity，私募股权投资）机构通常通过定向增资的渠道参与新三板投资。新三板市场拥有大量具有很好成长性的优秀企业，未来通过转板登陆主板市场也并非没有可能，这就吸引了大量投资机构以直接投资押宝转板。从当前的市场状况来看，新三板发展还并不成熟，换手率不高，交易也不够活跃，并不具备一个良好的退出渠道，故PE最佳退出时点是在企业转板IPO后，为挂牌企业提供产业链服务。相比中小板、创业板企业，新三板企业不仅缺钱，更缺企业资源，PE机构不仅可为新三板企业提供资金支持，也可为所投资的企业提供相应的产业辅导助推其成长。

②定价依据。

根据定向发行预案所公布的定价依据，价格均参考公司所处行业、成长性、每股净资产、市盈率等因素，并与投资者沟通后最终得到。只有少数几家公司，如宣爱智能和尚水股份，明确以每股净资产作为定向发行价格，这几家公司的共同点是仅对原股东与核心员工进行定向发行，没有外部投资者参与。

2. 股份转让

建立证券市场只是第一步，活跃的交易和高涨的市场人气才能吸引投资者。为建立一个活跃的证券市场，不仅要具备先进的交易设备，提供便捷的交易方式，吸引大规模投资群体，还要具备完备的配套机制。当前新三板实施的股份转让制度有协议转让和做市转让两种，竞价交易暂未实行，但也一直在商讨中。

新三板做市商通常由券商担任，券商使用自有资金买入挂牌企业一定数量的股票，向公众投资者进行双向报价，当买卖双方对所报价格达成一致时则交易达成。而协议转让是指买卖双方直接交易，交易价格由双方协商确定。

与主板市场较为严格的股票锁定规则相比，新三板挂牌公司股票转让受到的限制较少。主板上市公司的控股股东及实际控制人所持股票在公司上市之日起至少锁定36个月，而新三板市场则规定控股股东及实际控制人所持有股票在挂牌之日、挂牌满一年以及挂牌满两年等三个时间点可分别转让所持股票的三分之一。另外，对于公司其他股东而言，主板上市公司股票在公司上市之日起至少锁定12个月，而新三板则不设限制，其他股东所持股票在挂牌之日即可一次性全部转让。

二、其他积极影响

对于处于初创期的小微企业来说，企业治理和日常运作难免会有许多不完善的地方。在发展初期，这些不完善对于企业发展的制约或许还不太明显，但随着企业不断发展壮大，企业管理水平和规范程度的高低将大大影响企业发展前景。在挂牌前的准备阶段，一系列专业机构（包括律师、主办券商、会计师和评估师）会对企业进行改制、尽职调查、审计和评估。这样一个准备阶段也是帮助企业自我规范的过程，因为专业机构在工作中会发现企业治理中存在的法律漏洞及经营风险并向企业提出改进建议，帮助企业完善法人治理结构，提高管理水平。

企业挂牌新三板后有利于其估值水平提升，再加上挂牌带来的宣传效应，更容易受到风险投资、PE等股权投资机构的关注，这对于提高挂牌企业估值和股权融资能力大有益处，能够为股东带来明显的财富效应。新三板交易制度的不断完善将有利于提升市场流动性水平，推动股价上扬。2014年8月做市商制度正式实施，竞价交易制度的推出也一直在热议之中。未来新三板市场将出现协议转让、做市商报价和竞价交易并存的局面，灵活的交易制度对于活跃市场很有帮助。新三板个人投资者门槛的降低也一直在讨论之中，落实后有利于更多投资者参与新三板市场，提升流动性水平。

挂牌公司是在全国性场外市场公开转让的证监会统一监管的非上市公众公司，其重大生产经营活动需通过全国中小企业股份转让系统有限责任公司网站对外公布，能有效地吸引市场的关注，提升企业公众形象、认知度、知名度，并能够起到很好的广告效应，从而增加品牌的价值。在进行市场拓展、取得客户信任、提高公众认知及获取政府支持方面也会更为容易。

人才在企业的发展过程中扮演着举足轻重的作用，稳定高效的团队有利于工作效率的提高，新三板挂牌所带来的良好企业形象有利于企业吸引更多的人才，对内则可通过股权激励的方式留住核心人才，保持团队的稳定。

在当前A股市场排队遥遥无期的情况下，通过新三板转板实现"曲线救国"无疑是一条不错的途径。当前详细的转板制度正在研究之中，将来随着新三板分层制度的出台，优质企业通过新三板转板将不再是梦想。

为了支持企业发展，带动当地经济发展，促进就业，注册所在地政府在企业挂牌成功后会给予一定金额的补贴。根据各地政策不同，补贴会覆盖大部分甚至全部挂牌所需要的费用，大大减轻了企业负担，对于鼓励企业挂牌新三板起到了积极推动作用。与此同时，企业在挂牌成功后可获得注册所在地政府一系列优惠政策，如税收优惠、科研财政补贴、产业发展基金等。

第五节
新三板当前发展情况和未来发展趋势

一、挂牌企业整体情况

1. 挂牌公司基本情况

2015年新三板快速发展，挂牌企业数量增长迎来井喷之势，从年初的1864家增长到超过5000家，总市值也随之不断攀升，如表1-8所示。

表1-8 2015年新三板挂牌公司基本情况表

月份	挂牌公司家数	总股本（亿股）	流通股本（亿股）	总市值（亿元）	市盈率（倍）
2015.01	1864	765.78	269.05	5591.64	36.64
2015.02	1994	833.67	299.41	6196.13	38.78
2015.03	2150	919.16	329.15	9622.04	56.55
2015.04	2343	1058.51	372.02	11166.43	60.90
2015.05	2487	1155.74	409.11	12500.86	52.31
2015.06	2637	1277.02	476.92	11933.69	45.90
2015.07	3052	1540.27	572.87	13191.72	42.07
2015.08	3359	1735.15	642.45	14082.09	41.72
2015.09	3585	1893.73	702.14	15110.20	42.48
2015.10	3896	2126.26	781.82	17092.40	43.61
2015.11	4385	2463.07	889.00	20807.51	47.97
2015.12	5129	2959.51	1023.63	24584.42	47.23

资料来源：全国中小企业股份转让系统

2. 行业分布情况

挂牌公司涵盖行业广泛，其中制造业占比最高，超过50%。信息传输、软件和信息技术服务业紧随其后，占比接近20%，如表1-9所示。

表1-9 2015年新三板挂牌公司行业分布表

行业名称	公司家数	占比
制造业	2744	53.50%
信息传输、软件和信息技术服务业	1015	19.79%
科学研究和技术服务业	219	4.27%
租赁和商务服务业	210	4.09%
批发和零售业	169	3.29%
建筑业	157	3.06%
农、林、牧、渔业	119	2.32%
金融业	105	2.05%
文化、体育和娱乐业	104	2.03%
水利、环境和公共设施管理业	78	1.52%
交通运输、仓储和邮政业	59	1.15%
电力、热力、燃气及水生产和供应业	33	0.64%

（续表）

行业名称	公司家数	占比
房地产业	26	0.51%
采矿业	24	0.47%
卫生和社会工作	24	0.47%
教育	19	0.37%
居民服务、修理和其他服务业	13	0.25%
住宿和餐饮业	11	0.21%
合计	5129	100.00%

资料来源：全国中小企业股份转让系统

3. 地域分布情况

挂牌公司地域分布广，几乎每个省区市都有公司挂牌。（如表1-10所示）东部经济发达，挂牌公司数量较多，这与当地企业家思维开阔，敢于创新，政策敏感性强的特点密不可分。

表1-10　2015年新三板挂牌公司地域分布表

省份	挂牌公司家数	占比
北京	763	14.88%
广东	684	13.34%
江苏	651	12.69%
上海	440	8.58%
浙江	410	7.99%
山东	336	6.55%
湖北	204	3.98%
河南	195	3.80%
安徽	162	3.16%
福建	139	2.71%
四川	137	2.67%
辽宁	114	2.22%
湖南	110	2.14%
河北	98	1.91%
天津	92	1.79%
陕西	64	1.25%
新疆	63	1.23%
江西	62	1.21%

（续表）

省份	挂牌公司家数	占比
重庆	59	1.15%
云南	55	1.07%
黑龙江	51	0.99%
吉林	41	0.80%
贵州	36	0.70%
宁夏	36	0.70%
山西	32	0.62%
广西	31	0.60%
内蒙古	26	0.51%
甘肃	17	0.33%
海南	16	0.31%
青海	3	0.06%
西藏	2	0.04%
合计	5129	100.00%

资料来源：全国中小企业股份转让系统

4. 股本分布情况

挂牌公司股本（capital stock，股份资本）与主板公司相比还有一定差距，股本位于1000万～5000万的公司数量最多，占比超过50%，如表1-11所示。

表1-11　2015年新三板挂牌公司股本分布表

股本（万股）	挂牌公司家数	占比
500以下	25	0.49%
500～1000	447	8.72%
1000～5000	2916	56.85%
5000～10000	1209	23.57%
10000以上（含10000）	532	10.37%
合计	5129	100.00%

资料来源：全国中小企业股份转让系统

5. 股东人数分布情况

新三板挂牌公司股东人数相对较少，股权较为集中，股东人数在10人至50人这一区间最多，占比超过40%。而股东人数超过两百人的公司数量也发展迅速，超过两百家，如表1-12所示。

表1-12　2015年新三板挂牌公司股东人数分布表

股东人数	挂牌公司数	占比
2	397	7.74%
3～10	1741	33.94%
10～50	2056	40.09%
50～100	453	8.83%
100～200	275	5.36%
200以上	207	4.04%
合计	5129	100.00%

资料来源：全国中小企业股份转让系统

当前主板市场排队现象严重，新三板市场成为企业登陆资本市场的另一种途径。新三板挂牌对企业的要求较为宽松，审核效率较高，对于成长性、创新型企业有很大的吸引力，也是拟IPO公司登陆资本市场的有力跳板。

近年来，新三板迎来了发展的春天。2011年以前，挂牌数量不足百家，市场参与热情并不高。2012年4月证监会明确提出"将加快推进新三板建设"，2013年新三板得以扩容至全国，一项项利好政策助推着新三板市场发展成为我国资本市场的重要组成部分。挂牌企业数量不断增加，配套制度不断完善，政府部门、金融机构、中小企业等多方力量积极参与推动新三板的建设。

监管层对新三板发展充满期待，希望将新三板打造成为我国中小企业融资提供帮助、为企业发展提供各项配套服务的市场。相信随着新三板发展不断完善，越来越多优质企业会如雨后春笋般出现。新三板的挂牌企业质量、交易制度、融资方式、市场角色均将给整个资本体系建设带来新的期待。

二、新三板市场面临的发展机遇

1. 国家高度重视多层次股权市场建设

多层次股权市场建设对我国资本市场发展有着重要影响，2014版《国务院关于进一步促进资本市场健康发展的若干意见》提出加快建设多渠道、广覆盖、严监管、高效率的多层次股权市场。私募与公募并重，加快完善全国中小企业股份转让系统，建立小额、便捷、灵活、多元的投融资机制。

《若干意见》提出，要发展多层次股票市场，规范发展债券市场，培育私募市场，提高证券期货服务业竞争力等政策措施。其中一个重要考虑就是顺应当前我国居民多元化投资和企业多样化融资的大趋势，健全多层次资本市场体系，丰富金融工具和产品供给，提高证券期货经营机构的服务能力和水平，从而促进健全社会储蓄高效转化为投资的机制，扩大直接融资，优化融资结构，防范和分散金融风险。

2. 融资难成为制约中小企业发展的瓶颈

中小企业在活跃经济、促进就业等多方面都起着举足轻重的作用，我国中小企业约占GDP权重的65%，税收总量的75%，吸纳就业的85%。而中小企业在获得融资方面面临着巨大挑战，融资难也已成为制约中小企业发展的瓶颈。

（1）内源融资比例偏低。

企业发展初期，规模较小，经营不稳定，难以获得外部资金支持，资金成本是沉重的负担，所以内源融资是企业发展初期主要的融资方式。西方发达国家的中小企业内源融资比例较高且呈不断上升趋势。以美国为例，其中小企业内源融资比例超过80%。而我国与美国的情况截然相反，无论是国有、集体还是民营中小企业自有资金比例都不到30%。内源融资金额不足大大制约了企业的发展。目前我国中小企业主要的资金来源仍是银行贷款。除此之外，鉴于我国资本市场发展不成熟，大型企业、国有企业较易受到资本市场青睐，而中小企业难以通过资本市场获得资金支持。

（2）外源融资困难重重。

外源融资可以分为直接融资和间接融资两种形式，直接融资主要包括股票融资和债券融资，而间接融资最主要的形式是银行贷款。企业在开展外源融资时往往也会面临诸多困境。

①直接融资所面临的困境。

a.股票融资。

股票融资是指企业用股票这种有价证券进行筹资的行为。我国资本市场发展还不完善，为降低风险，对于拟上市企业有较高的要求，严格的审核将众多企业挡在资本市场之外。此外，中小企业自身的发展特点也使其难以通过协议转让非流通股份控股公司上市、在二级市场上收购流通股份控股上市公司、或者借壳上市等方式融资。

b. 债券融资。

债券融资是指企业通过发行债券直接融资，我国实施较为严格的债券发行管理制度，对债券融资实行"规模控制、集中管理、分级审批"的管理模式。现行制度对于发债公司的要求很高，中小企业很难达到要求，通过债券融资的方式进行筹资对于中小企业来说只是一种奢望。再加上国家对企业债券利息征收所得税，在某种程度上也打击了投资者的积极性。投资者本就顾虑中小企业信用风险较大这一特点，再加上税收的影响，认购中小企业债券的动机也不强烈。

②间接融资所面临的困境。

a. 中小企业间接融资的方式单一，主要以银行贷款为主。

间接融资包括银行贷款、票据贴现、融资租赁和基金融资等多种形式。银行贷款是当前较为普遍的间接融资方式，是中小企业首选的外部融资方式。票据贴现、融资租赁等融资方式，中小企业了解得不多，而且接受新的融资方式需要一定的时间，这就要求政府加大宣传力度，让企业了解更多的融资方式。

b. 中小企业难以满足银行的信贷条件，获得间接融资的量很少。

银行贷款资源往往向大型企业倾斜，中小企业面临贷款难的问题。中小企业财务制度不完善，各项经营指标与大型公司相比都存在一定差距，而银行对于企业的抵押资产、负债率等多方面指标都有很严格的要求，这就使得中小企业获得银行贷款困难重重。近些年来，一些中小金融机构陆陆续续出现，为企业提供贷款支持，但受限于资金规模，对于改善中小企业融资难这一状况也只能是杯水车薪。更严重的是，国有商业银行存款额度不断上升，而其对于中小企业发放的贷款额度却没有提升，想必中小企业若要通过银行融资也将更加困难。

c. 银行贷款存在较大的地区差异。

我国东部地区较为发达，中西部发展相对落后，这也导致中小企业的发展水平参差不齐。东部地区中小企业质量较为优良，经营业绩总体优于中西部地区企业。银行更加倾向于给予东部中小企业以资金支持，而中西部地区的中小企业由于发展缓慢、质量较低，要获得银行贷款比较困难。

3. 主板上市门槛较高使得企业谋求通过新三板上市

主板市场对于公司的经营状况、盈利水平等多方面都有较高的要求，IPO近两年的停滞也使得众多公司的上市之路遥遥无期。新三板挂牌条件为：依法设立且存续满两年、业务明确，具有持续经营能力、公司治理机制健全，合法规范经营、股权明晰，股票发行和转让行为合法合规、主办券商推荐并持续督导。门槛较低的新三板为渴望上市融资的中小企业提供了另一种可能。

第二章
并购相关概念

并购是一个较为复杂的过程，要了解并购必须对并购相关概念有初步了解，这包括并购动因、并购风险、并购流程、并购尽职调查、并购投资协议等。本章阐述了并购的相关概念，旨在使读者能够全面的认识并购。

第一节
并购基本理论

并购的概念较为广泛，我国目前有两部法律对并购的概念予以了阐述。1989年2月19日国家体改委、国家计委、财政部、国家国有资产管理局共同发布了《关于企业兼并的暂行办法》（以下简称《办法》）。该《办法》规定：本办法所称企业兼并，是指一个企业购买其他企业的产权，使其他企业失去法人资格或改变法人实体的一种行为，不通过购买方式实行的企业之间的合并，不属于本办法规范。关于兼并的形式，该《办法》提出了四种，即承担债务式、购买式、吸收股份式、控股式。根据这一规定，并购有两个要点：一是被并购企业失去法人资格或改变法人实体，也就是说并购企业取得被并购企业的控制权；二是并购必须是一种市场交易行为，不通过交易而进行的控制权的转移不属于并购的范畴。《公司法》（2014）第173条规定，公司合并分为新设合并和吸收合并两种，凡是两个或两个以上公司合并，其中一个公司存续而其他公司终止的，称为吸收合并；凡是两个或两个以上的公司合并设立一个新公司，合并各方随新公司的产生而终止的，称为新设合并。

从上述规定可以看出，《公司法》对合并的界定相当于西方国家所称的Merger和Consolidation。在权威的《大不列颠百科全书》中对兼并（Merger）一词的解释是："两个或两个以上的企业按照某种条件组成一个企业的产权交易行为。"对收购（Acquisition）的解释是："一个企业以某种条件取得另一企业的大部分产权，从而居于控制地位的交易行为。"

从狭义的角度来讲，兼并与收购是有区别的，主要在于兼并是指一个企业与其他企业合为一体，在兼并发生后，目标企业的法人地位彻底丧失。而收购并非几个企业合为一体，仅仅是一方对另一方居于控制地位，被收购的企业还可以继续保留其独立的法人地位。但是，在实际过程中，兼并和收购往往交织在一起，很难严格区分开来。除了从会计和审计的角度处理财务数据以及在法律规章中有所区别以外，在一般研究中，即使不对二者做特别的区分，也不至于引起重大歧义，因此学术界和实业界通常把兼并和收购放在一起研究和使用，简称并购。

第二节
并购的动因

企业出于何种目的进行并购是研究并购问题的出发点，同时，并购的动机还影响着价值评估方法的选用，最终对价值评估的准确性产生影响。尽管企业的并购动机在运营层面上表现为多种形态（如协同效应论、规模势力论、核心能力论、代理问题论、投机收益论等等），但是最原始的动机始终是企业价值的最大化。一般情况下，并购的动机和企业的经营目标是一致的。了解了并购的根本动机，在做并购决策时就有了判断的标准：并购是否增加了企业的价值，在多大程度上增加了企业的价值，只有当企业价值确实增加时，并购才是可行的。然而在现实的经济生活中，并购的原始动因又有各种不同的具体表现形态，很难用某一种现有的理论加以解释。因此，学术界各种各样关于企业并购的动因理论也层出不穷，企业并购动因归纳如下。

一、经营协同效应

经营协同效应是指并购提升了企业的经营效率与业绩，具体表现在以下两方面。

1. 规模经济降低生产成本。规模较小的企业并购整合后规模得以扩大，大规模生产有助于降低生产成本，提高经济效益，横向并购最能体现并购规模效应。

2. 取长补短，实现优势互补。不同公司在生产、技术、市场、管理、企业文化等方面各有所长，并购有助于双方将优势互相结合，弥补各自存在的不足。

二、财务协同效应

财务协同效应是指并购能够改善企业的财务状况，提升盈利水平，具体表现在以下两方面。

1. 合理避税。税法对企业的财务决策有重大影响，不同类型的资产所征收的税率是不同的，股息收入和利息收入、营业收益和资本收益的税率也有很大区别。正因为如此，并购企业能够采取某些财务处理达到合理避税的目的。例如，衰落产业中的一个亏损企业被另一产业中的厚利企业兼并，它们的利润就可以在两个企业之间分享，并可大量减少纳税义务。

2. 预期效应。它是指因并购使股票市场对企业股票评价发生改变，从而对股票价格产生的影响。预期效应对企业并购有重大影响。企业经营的财务目标为股东财富最大化，财富最大化很大程度上取决于股票价格的高低。由于预期效应的作用，企业并购往往伴随着强烈的股价波动。

三、突破进入新行业的壁垒

公司发展到一定阶段，渴望进入新的行业发展时，往往会面临高耸的壁垒，包括进入新行业所需的资金、技术、人才、专业信息、专利、销售渠道等。这些困难难以通过直接投资在短期内解决，但可用并购的方式有效地突破。并购还可以避免直接投资带来的因生产能力的增加而对行业的供需关系造成的失衡，在短期内保证行业内部竞争结构保持不变，使价格战发生的可能性大大减少。

四、实现经验共享和互补

企业通过并购可以实现经验共享，互补效应将提高双方的经营效率，使双方在技术、市场、专利、产品、管理等方面都得到改善。一个著名的案例是：菲利普·莫里斯公司在1969年开始向食品行业拓展，同年并购了米纳·布鲁因啤酒公司，1987年兼并了通用食品公司。菲利普·莫里斯公司利用其经验及市场营销方面的专长，使其在食品行业取得了相当大的成功。1988年，它又以130亿美元兼并了卡夫食品公司。其利用卡夫食品有限公司的包装及食品保鲜专长和通用食品公司良好的分销渠道，大大降低了销售费用。

五、提高市场占有率

市场占有率越高往往意味着越高的利润，在细分市场实施并购能够有效提升市场占有率。

这种动因与寻求规模经济的动因类似，因为提高市场占有率必然要求提高产品产量，这有助于降低单位产品的成本。受制于反垄断和公平竞争的要求，国外企业在市场占有率达到一定比例时会受到管理部门严格监管和审查。

六、获得特殊资产

特殊资产包括土地、商标、专利、上市资格、管理团队等，这些资产对一些企业的发展至关重要，而企业自身由于种种原因难以获得，采取并购的方式获得此类资产是并购动因之一。例如土地是企业发展的重要资源，而土地资源的稀缺往往制约企业的进一步发展。当经营状况良好、实力雄厚的企业受制于有限的发展空间时，选择并购经营不善却占有较多的土地和优越的地理位置的企业能够为企业赢得新的发展空间。

七、管理层利益驱动

管理层往往希望通过并购达成自身追求的一些目标，而不以股东利益最大化为指引。当管理层不拥有或只拥有少数股份时，这种情况就容易产生。美国经济学家詹斯尼和迈克林在论文中称这种情况为委托代理问题。

委托代理问题的一种变形是管理层努力扩张企业，因为他们的薪金、津贴和地位通常是随着企业规模的扩大而提高。也有些学者认为，管理层追求的是企业增长和利润的最大化，甚至认为管理层的目的就是个人收入最大化。管理层的兼并动因往往是希望提高公司在市场上的统治地位和保持已有的市场地位。

八、实现多元化经营

通过兼并其他行业中的公司，进军崭新领域，开展多元化经营，有利于企业分散风险，安全经营。公司的经营环境是不断变化的，任何一项投资都有风险，企业把投资分散于不同行业实行多元化经营，当某些行业因环境变化而导致投资失败时，还可能从其他方面的投资得到补偿，这有利于降低投资风险。多元化经营可以通过内部积累和外部并购两种途径实现，但在多数情况下，并购途径更为有利，尤其是当企业面临已变化了的环境而调整战略时，并购可以使企业以低成本迅速进入被并购企业所在的发展相对较快的行业，从而保证企业持续不断的盈利能力。

九、收购低价资产

公司通过收购价值被低估的企业获得收益是兼并的另一大动因，这就要求并购公司对标的企业有较为清晰的认识，对其价值有深刻的研究和估计。标的公司在多种情况下价值可能被低估，例如，标的公司可能拥有有价值的土地或完全保有的地产，而这些在其会计账簿上却以折旧的历史成本反映，过低地估计了这部分资产的价值，主并购公司兼并后以实际价值将其出售从中营利。公司也可能通过兼并一个暂时不能盈利的公司，停止其引起亏损的活动，对其进行重整，再出售其可盈利的部门，以从中获得收益。

第三节
并购基本流程

一、确定并购战略

并购战略指并购的目的及该目的的实现途径，内容包括确定并购目的、选择并购对象等。并购目标直接影响文化整合模式的选择。并购战略类型对文化整合模式有影响力。在横向兼并战略中，并购方往往会将自己部分或全部的文化注入被兼并企业以寻求经营协同效应；而在纵向一体化兼并战略和多元化兼并战略下，兼并方对被兼并方的干涉大为减少。因此，在横向兼并时，兼并方常常会选择替代式或融合式文化整合模式，而在纵向兼并和多元化兼并时，选择促进式或隔离式文化整合模式的可能性较大。

二、寻找并购标的，开展尽职调查

企业寻找并购标的可以通过自身资源和途径，也可以委托第三方专业中介机构帮助寻找。在寻找并购标的时要充分了解标的企业的历史沿革，当前经营状况，并对未来发展趋势有一定预测。接下来便要制定详细的尽职调查方案，明确尽职调查的侧重点和核心问题，布置落实尽职调查计划，正式启动系统尽职调查工作。

开展尽职调查时应重点对标的的公司的股权结构、日常经营状况、财务状况、发展前景等开展详细调查，还需对并购标的的内外部环境进行了解，发现并购过程中可能会存在的问题，并制定相应的解决方案。尽职调查还应对企业价值有初步判断，为交易价格的商讨提供依据。详尽的尽职调查不仅可以为企业管理层提供并购标的真实、准确的信息，还能帮企业初步判断是否有能力开展并购活动。

三、并购双方达成交易

1. 并购方案的提交

并购方案主要内容包括并购形式、交易价格、债务处置方案、信息披露情况等，方案的设计应尽可能地降低并购成本，提高并购效率。并购标的和方案制定之后，通过有关部门发布并购信息，告知利益相关方。

2. 资产评估

资产评估是确定交易价格的基础，通常由专业的资产评估机构完成。资产评估机构会成立项目小组，总体负责资产评估工作。对于目标资产的评估有多种方法，我国《国有资产评估管理办法》规定，国有资产在兼并、出售、转让时可以采用收益现值法、重置成本法、现行市价法、清算价格法等评估方法；《关于企业兼并收购的暂行办法》规定，被兼并方资产的评估作价可以采用重置成本法、市场价值法、收入现值法等。小组成员应精通并购业务，对企业开展详细的尽职调查，对资产进行认真清点，采用合理的评估方法确定资产价值。

除此之外，还要格外关注企业并购后的整合问题，需要建立专门团队处理相关事宜。实施方案论证时，要确定整个项目实施的投资。其投资即包括并购时的投资，其金额较大，时间集中；又包括将来整合被并购企业的支出，费用也可能很大。因此，企业需事先制订合理的费用预算，报经企业决策部门批准后，企业还需筹集、安排好相应的资金。

3. 确定成交价格和支付方式

并购双方通过资产评估确定资产整体价值，据此进行平等谈判协商，最后形成成交价格。并购交易支付方式主要有以下方式。

（1）现金支付。

通过现金支付的方式收购股权或资产操作便捷，效率较高。现金支付一般不涉及对目标公司盈利预测后进行估价的情况，仅就出卖的公司股权或资产进行评估作价，由收购方直接买断，双方仅就交易价格、款项支付的时间等事项进行约定。现金支付不会影响收购方的股权结构，能够有效保持收购方股份及公司注册资本的稳定性，降低了工商变更的烦琐程度。

现金支付具有以上优势，但也有不足之处。这种方式对企业的现金流要求较高，大部分上市公司虽然利润可观，但现金流并非一定充足。若现金流不足，企业通过借贷筹措资金又会导致财务成本增加，从而加大上市公司收购成本，削减公司利润；与此同时，并购后的全部风险将由收购方股东承担。对被收购方来讲，该方式会增加被收购方税收负担，转让款项的收回亦存在一定的风险。

（2）非公开发行股份购买资产的方式。

通鼎光电并购瑞翼信息的案例中就采取的是这种方式，通鼎光电以其拟发行的股份置换交易对方的股权，采取这种方式对于公司的现金压力较小，能够较便捷地完成并购标的公司的目的。与此同时，并购的风险也得以降低。对于标的公司来说，这种方式使其直接成为上市公司股东，享有相应的股东权益，而且以股权支付方式推迟了其收益的时间，可以延期纳税，一举多得。

非公开发行股份购买资产具备很多优势，但与现金支付相比，操作起来较为复杂，需要付出大量的人力、物力与财力。会计师事务所、评估事务所、律师事务所等中介机构要参与其中，对标的资产情况进行仔细核查，同时对目标公司的盈利能力进行合理化的预测，对标的资产的价格进行专业性评估。交易双方之间需要就标的资产价格、业绩承诺、利润补偿、对赌等方面花费大量的时间和精力进行谈判和博弈。另外，该种交易支付方式还使得上市公司与被收购方股权结构发生变更、公司治理结构人员调整、老股东原有权益被稀释等情况，双方还需要交易事项履行各项批准程序，进行必要的信息披露工作，从而使得并购进度拉长。

（3）非公开发行股份及现金支付方式。

非公开发行股份及现金支付方式是指交易双方约定收购方通过发行部分股票及用现金支付的方式购买被收购方资产转让的价款，属于混合型支付方式的一种，即由上市公司发行部分股票给特定的对象作为购买特定对象资产的对价，不足部分通过现金支付方式补足，屹通信息与东方国信之间的交易亦采用该种方式。该方式的采用既可使收购方避免支出更多现金造成企业财务结构恶化；又可防止收购方企业原有股东的股权被大量稀释，从而控制股权转移。但因发行股份仍不可避免地造成上市公司股权结构变更、公司治理结构人员调整、老股东原有权益被稀释等情况，作为上市公司和新三板公司的交易双方还需就交易事项做足事前准备工作，并履行各项批准程序，进行必要的信息披露工作。

（4）签订并购协议书。

并购双方在交易达成一致后签订正式的合作协议，明确双方权利和义务，共同推进并购项目顺利完成。在提交并购方案之后，并购企业可能要求与目标企业进行并购谈判或邀请产权交易所等中介机构参与并购谈判（或者全权代表并购企业与目标企业谈判）。

四、相关手续与公告

1. 审批与公证

协议签订后，经双方法人代表签字，报工商局、税务局、土地管理局及国有资产管理部门（国有企业）等部门审批，然后申请公证，使协议具有法律约束力。

2. 办理变更手续

企业并购发生后，企业的法人资格发生了变化。协议生效后，双方要向工商等有关部门申请办理企业登记、企业注销、房产变更、土地使用权转让等手续。

3. 产权交接

并购双方的资产移交，须在国有资产管理部门（国有企业）、银行等有关部门的监督下，按协议办理移交手续，经过验收、造册、双方签字后，会计据此入账。被并购企业未了的债权、债务，按协议进行清理，并据此调整账户，办理更换合同、债据等手续。

4. 发布并购公告

把并购事实公诸于世，使社会各方面知道事实，并调整与之相关的业务。

第四节
并购尽职调查

并购尽职调查是指专业中介机构对并购标的的情况进行详细的调查了

解，包括企业的历史沿革、股东情况、经营状况、存在风险等多方面，以求为买方提供完整真实的标的企业情况，为买方做出决策提供参考。

并购中买方和卖方信息不对称会使整个交易过程中蕴含较大风险，并购尽职调查有助于缓解信息不对称这一情况，发现交易过程中潜在的风险和问题，双方便可依据调查结果开展协商和谈判，明确解决方案和双方的权利与义务。

对于一项涉及多家潜在买方、规模较大的并购活动来说，尽职调查通常需经历以下程序：卖方委托专业中介机构全权负责并购全过程；潜在买方委托会计师事务所、律师事务所等中介机构组成项目小组，开展尽职调查；交易双方签订保密协议，保障交易的秘密进行；买方准备尽职调查清单，与卖方一同搜集清单中所需要的资料；买方委托的中介机构出具尽职调查报告，全面揭示调查过程中发现的各种问题以及解决建议，对可能影响交易价格的各项因素进行分析；买方草拟并购协议供交易双方探讨和协商。

一、企业运营调查

1. 公司基本情况

（1）公司设立情况。

了解公司注册时间、注册资金、经营范围、股权结构和出资情况，取得营业执照、公司章程、评估报告、审计报告、验资报告、工商登记文件等资料，核查公司工商注册登记的合法性、真实性；必要时走访相关政府部门和中介机构。

（2）历史沿革情况。

查阅公司历年营业执照、公司章程、工商登记等文件，以及历年业务经营情况记录、年度检验、年度财务报告等资料，调查公司的历史沿革情况，核查是否存在遗留问题；必要时走访相关政府部门和中介机构。

（3）公司主要股东情况。

调查了解主要股东的背景，相互之间关系或一致行动情况及相关协议；主要股东和实际控制人最近三年内变化情况或未来潜在变动情况。

2. 业务与技术情况

（1）行业情况及竞争情况。

根据公司主营业务及所属行业，不仅要了解行业的市场环境、市场容量、进入壁垒、供求状况、竞争状况、行业利润水平和未来变动情况，判断行业的发展前景及行业发展的有利和不利因素，了解行业内主要企业及其市场份额情况，调查竞争对手情况，分析公司在行业中所处的竞争地位及变动情况，还要了解行业监管体制和政策趋势。

（2）采购情况。

通过与采购部门、主要供应商沟通，查阅相关资料等方法，调查公司主要原材料市场供求状况。取得公司主要供应商（至少前10名）的相关资料，计算最近三年公司向主要供应商采购的金额及所占比例，判断是否存在严重依赖个别供应商的情况。如果公司存在这种情况，判断是否对重要原材料的供应做出备选安排；取得同前述供应商的长期供货合同，分析交易条款，并判断公司原材料供应及价格的稳定性。

（3）生产情况。

取得公司的生产流程资料，结合生产核心技术和关键生产环节，分析评价公司生产工艺、技术在行业中的领先程度；取得公司主要产品的设计生产能力和历年产量有关资料并进行比较，与生产部门人员沟通，分析公司各生产环节是否存在瓶颈制约；调查公司的生产工艺是否符合环境保护相关法规，调查公司历年来在环境保护方面的投入及未来可能的投入情况；现场观察三废的排放情况，核查有无污染处理设施及其实际运行情况是非常必要的。

（4）销售情况。

通过与公司销售部门负责人沟通获取权威市场调研机构的报告等方法，调查公司产品（服务）的市场需求状况、是否有稳定的客户基础等；结合行业排名、竞争对手等情况，对公司主要产品的行业地位和市场占有率进行分析；了解公司对主要客户（至少前10名）的销售额占年度销售总额的比例及回款情况。

（5）核心技术和研发情况。

调查公司拥有的专利，分析产品的核心技术，考察其技术水平、技术成熟程度、同行业技术发展水平及技术进步情况；核查核心技术的取得方式及使用情况，判断是否存在纠纷或潜在纠纷及侵犯他人知识产权的情形；关注专利的有效期及到期后对公司的影响，并了解公司具体的保护措施与效果；取得公司在研项目、研发目标及主要研发成果等资料，调查公司历年研发费用占主营业务收入的比重、自主知识产权的数量与质量、技术储备等情况，对公司的研发能力进行分析。

3. 业务发展目标调查

（1）发展战略。

取得公司中长期发展战略的相关文件，包括战略策划资料、战略委员会会议纪要、董事会会议纪要、独立董事意见等相关文件，分析公司是否已经建立清晰、明确、具体的发展战略，包括战略目标、实现战略目标的依据、步骤、方式、手段及各方面的行动计划；通过各种渠道了解竞争对手的发展战略，将公司与竞争对手的发展战略进行比较，并对公司所处行业、市场、竞争等情况进行深入分析，调查公司的发展战略是否合理、可行。

（2）经营理念和经营模式。

取得公司经营模式、经营理念的相关资料，通过与发起人、主要供应商、主要销售客户、高管人员及员工谈话等方法，了解公司的经营理念和经营模式，分析公司经营理念、经营模式对公司经营管理和发展的影响。

（3）历年发展计划的执行和实现情况。

取得公司历年发展计划、年度报告等资料，调查各年计划的执行和实现情况，分析高管人员制定经营计划的可行性和实施计划的能力。

（4）业务发展目标。

取得公司未来2～3年的发展计划和业务发展目标及其依据等资料，调查行业未来的发展趋势和市场竞争状况，分析公司未来发展目标是否与发展战略一致；调查公司在管理、产品、人员、技术、市场、投融资、并购、国际化等方面是否制定了具体的计划，这些计划是否与公司未来发展目标相匹配，是否具备良好的可实现性；分析未来发展目标在实施过程中存在的风险；分析公司未来发展目标和具体计划与现有业务的关系。

4. 融资运用分析

通过查阅公司关于融资项目的可行性研究报告、政府部门有关产业目录及相关的决策文件等方法，根据项目的环保、土地等方面的安排情况，结合目前其他同类企业对同类项目的投资情况、产品市场容量及其变化情况，对公司本次融资项目是否符合国家产业政策和环保要求、技术和市场的可行性以及项目实施的确定性等进行分析；分析融资数量是否与公司规模、主营业务、实际资金需求、资金运用能力及公司业务发展目标相匹配；核查公司是否审慎预测项目效益，是否已分别说明达产（达到设计生产能力的产量，一般该产量就是企业生产能力的极限）前后的效益情况，以及预计达产时间，预测基础、依据是否合理。

二、企业财务状况调查

1. 基本财务数据分析

根据公司历年财务报告，收集能够反映公司财务基本状况的财务数据，如资产（货币资金、应收账款、存货、对外投资、无形资产）、负债（银行借款、应付账款）、销售收入、销售成本、补贴收入、利润总额、净利润等。

2. 财务比率分析

计算公司各年度毛利率、资产收益率、净资产收益率、每股收益等，判断公司盈利能力；计算公司各年度资产负债率、流动比率、速动比率、利息保障倍数等，结合公司的现金流量状况、在银行的资信状况、可利用的融资渠道及授信额度及或有负债等情况，判断公司的偿债能力；计算公司各年度资产周转率、存货周转率和应收账款周转率等，结合市场发展、行业竞争状况、发行人生产模式及物流管理、销售模式及赊销政策等情况，判断公司经营风险和持续经营能力。

3. 纳税情况

查阅公司报告期的纳税资料，核查公司所执行的税基、税种、税率是否符合现行法律、法规的要求；取得公司税收优惠或财政补贴资料，核查公司享有的税收优惠或财政补贴是否符合财政管理部门和税收管理部门的有关规定，分析公司对税收政策的依赖程度及其对公司未来经营业绩、财务状况的影响。

4. 盈利预测

根据公司编制盈利预测所依据的资料和盈利预测假设，结合国内外经济形势、行业发展趋势、市场竞争状况，判断公司盈利预测假设的合理性；对比以前年度计划与实际完成情况，参照公司发展趋势、市场情况，评价公司预测期间经营计划、投资计划和融资计划安排是否得当；根据了解的公司生产规模和现有的生产能力，分析评价预测计划的可行性。

三、企业人力资源调查

1. 管理人员任职资格和任职情况

调查了解管理人员的教育经历、专业资格、从业经历及主要业绩，以及在公司担任的职务与职责。

2. 管理人员胜任能力和勤勉尽责情况

调查了解高管人员曾任职的其他公司的规范运作情况以及该公司经营情况，分析高管人员管理公司的能力；分别与董事长、总经理、财务负责人、技术负责人、销售负责人（包括但不限于上述人员）就公司现状、发展前景等方面问题进行交谈，了解高管人员的胜任能力和勤勉尽责情况。

3. 高管人员薪酬及兼职情况

通过查阅三会（董事会、股东大会、监事会）文件、与高管人员交流、与发行人员交谈等方法，调查公司为高管人员制定的薪酬方案、股权激励方案；通过与高管人员交谈、查阅有关资料等方法，调查高管人员在公司内部或外部的兼职情况，分析高管人员兼职情况是否会对其工作效率、质量产生影响。

四、企业法律事务调查

1. 同业竞争情况

通过询问公司实际控制人或控股股东、实地走访生产或销售部门等方法，调查公司控股股东或实际控制人控制的企业实际业务范围、业务性质、客户对象、产品可替代性等情况，判断是否构成同业竞争；核查公司控股股东或实际控制人是否对避免同业竞争做出承诺以及承诺的履行情况。

2. 关联方和关联交易情况

确认公司的关联方及关联方关系，通过与公司高管人员、财务部门和主要业务部门负责人交谈，查阅账簿、相关合同、会议记录、独立董事意见，发函询证，咨询律师及注册会计师意见，调查公司与关联方进行的关联交易。

五、风险因素及其他重要事项调查

1. 风险因素

通过政府文件、专业报刊、专业机构报告及相关网站等渠道了解公司所在行业的产业政策、未来发展方向；与公司高管人员、财务人员、技术人员等进行谈话，取得公司既往经营业绩发生重大变动或历次重大事件的相关资料，并参考同行业企业发生的重大变动事件，结合对公司治理、研发、采购、生产、销售、投资、融资、募集资金项目、行业等方面的调查，分析对公司业绩和持续经营可能产生不利影响的主要因素以及这些因素可能带来的主要影响；此外，对公司影响重大的风险，应进行专项核查。

2. 重大合同

通过公司高管人员出具书面声明、向合同方函证、与相关人员谈话、咨询中介机构等方法，核查有关公司的重大合同是否真实、是否均已提供，并核查合同条款是否合法、是否存在潜在风险；对照公司有关内部订立合同的权限规定，核查合同的订立是否履行了内部审批程序、是否超越权限决策，分析重大合同履行的可能性，关注因不能履约、违约等事项对公司产生或可能产生的影响。

3. 诉讼和担保情况

通过高管人员出具书面声明、查阅合同、走访有关监管机构、与高管人员或财务人员谈话、咨询中介机构等方法，核查公司所有对外担保（包括抵押、质押、保证等）合同，调查公司及其控股股东或实际控制人、控股子公司、高管人员和核心技术人员是否存在作为一方当事人的重大诉讼或仲裁事项以及公司高管人员和核心技术人员是否存在涉及刑事诉讼的情况，评价其对公司经营是否产生重大影响。

第五节
并购对赌协议

一、对赌协议的含义与本质

对赌协议（Valuation Adjustment Mechanism, VAM）即"估值调整协议"，是收购方（包括投资方）与出让方（包括融资方）在达成并购（或者融资）协议时，对于未来不确定的情况进行的一种约定。如果企业未来的获利能力达到某一标准，则融资方享有一定权利，用以补偿企业价值被低估的损失；反之，投资方享有一定的权利，用以补偿高估企业价值的损失。这就是所谓的"对赌协议"。

由于企业未来盈利具有不确定性，为了使交易价格尽可能公平合理，对赌协议便应运而生。对赌协议可以为投资者带来高收益，但也蕴含着较大风险。它既是投资方利益的保护伞，又对融资方起着一定的激励作用。所以，"对赌协议"从本质上而言是一种财务工具，是带有附加条件的价值评估方式。就这种评估方式自身而言，并没有什么是非对错，只是由于国内企业对资本市场游戏规则不熟悉，导致其承担的风险过大。

二、对赌协议的要素

1. 对赌的主体

对赌的参与方主要是投资方和融资方，近年来我国企业并购案中的对赌协议中有众多外资背景的大型金融机构参与，包括摩根士丹利、鼎晖、高盛、英联、新加坡PVP基金等，他们通常实力雄厚、经验丰富。相对于战略投资者，他们不会过多参与融资方的经营管理和发展战略，而是在获得一定投资回报后及时退出。我国对赌协议参与方多为民营企业，这些企业的共同点是发展前景广阔，但资金短缺严重制约了其发展，迫切需要资金支持。

2. 对赌的评判标准

我国企业并购中的对赌协议主要以财务指标为唯一指标来明确参与双方的权利和义务。比如蒙牛、永乐、雨润的对赌案例，都是以某一净利润、利润区间或者复合增长率为指标作为对赌的标准。而国外的案例中评判标准多种多样，包括财务绩效、非财务绩效、赎回补偿、企业行为、股票发行和管理层去向等。

3. 对赌的对象

对赌协议中的对赌对象通常包括股权、期权认购权、投资额等。如果对赌条款得到满足，投资者会以较低价格甚至是无偿向管理层转让一定比例股权，或者投资方追加投资，或者管理层获得一定的期权认购权等；如果没有达到对赌标准，管理层则转让一定股权给投资者，或者管理层溢价收回投资方所持股票，或者投资方增加在董事会的席位等。

三、把握游戏规则，实现对赌双赢

对赌协议是民营企业融资手段之一，但民营企业使用该方式时要格外谨慎，利用好对赌协议可以帮助企业快速发展，利用不好也可能给企业以沉重打击。所以只有把握好游戏规则、不断提高自身素质、提高利用对赌协议融资的质量，民营企业才能扬长避短，避免陷入对赌的陷阱。

1. 正确评价对赌协议利弊

对赌协议利弊分明，投资者和融资方共同努力达到对赌标准从而符合双方利益。对于投资方来说，签订对赌协议有利于降低投资风险，锁定投资收益；融资方也可以借此实现低成本融资和快速扩张。

参与对赌协议的双方利益其实是一致的，应努力促进协议达成。当企业达到对赌标准时，投资方虽然丧失了部分股权，但由于对赌标准的达成，企业股价的上涨将会弥补投资方的损失；如果企业没有达到对赌标准，虽然投资方获得了更多股份，但很有可能因为企业每股收益的下降造成损失。

2. 合理设定对赌的评判标准

国内民营企业对于资金有较大需求，但在与国际投行合作过程中往往不够慎重，对对赌协议缺乏深入分析判断。

对于融资方来说，一定要深刻分析企业自身实力，设立切实可行的对赌标准，不能因为是"对赌协议"就真抱着"赌一把"的心态。此外，还应对行业发展情况有深入的了解，对行业发展趋势有准确的判断。

合理制定对赌标准有助于投资方和融资方实现双赢。

3. 不断增强企业抵御风险的能力

机构投资者对企业进行投资时往往会强制加入对赌条款。有的企业在对赌期间，为了达到约定的业绩指标，重业绩轻治理、重发展轻规范，结果导致对赌失败；或者虽然对赌成功，但由于对赌期间竭泽而渔，企业元气大伤，缺乏后劲，影响企业的长远发展。 机构投资者的任务主要是提供资金，帮助企业上市，同时签订对赌协议保障自身投资利益。在企业上市后，他们多数会通过出售股权套现退出。外资对民营企业只是起到一种助推作用，更长的路需要企业自己走。所以在借力国际资本的同时，企业更要加强自身内部治理，增强自身抵御风险的能力，避免过度依赖国际资本。

四、运用对赌协议应注意的主要问题

虽然对赌协议的目的是使投资者与被投资企业达到双赢，但由于交易金额通常比较巨大，也蕴含着很大风险。因而，国内企业在应用时不应一味照搬国外的模式，必须结合我国国情和自身条件进行具体分析，制定符合自身行业、企业特点以及未来市场发展趋势的操作方案，最大限度地利用这种风险防范原理；同时借鉴对赌协议成功经验，解决企业的发展瓶颈，实现快速跨越式发展。在运用对赌协议时，以下主要问题应当引起足够的注意。

1. 正确认识对赌协议的利与弊

企业管理层需要正确认识对赌协议的利弊，综合考虑多方因素，以做出是否采用对赌协议的决定。投资方签订对赌协议的利益驱动是通过对赌协议来控制企业未来业绩、尽可能降低投资风险、维护自己的利益。融资方签订对赌协议的好处是可直接获得大额资金支持、解决资金短缺问题，达到低成本融资和快速扩张的目的。但不容忽视的是，对赌协议融资是一项高风险融资方式，企业管理层做出这一融资决策，必须以对企业未来经营业绩的正确判断为条件。因为一旦经营环境发生变化，或者不能达到原先约定的业绩，企业将不得不通过割让大额股权等方式补偿投资者，这个损失将是巨大的。

2. 认真分析企业的条件和需求

并不是任何一家企业在任何发展阶段都适合采用对赌协议，企业要认真分析自身情况，做出适合自身的决定，以避免损失。企业可以优先选择风险较低的借款方式筹集资金，在条件较为成熟的情况下再选择对赌协议方式融资。企业在选择对赌融资方式时，通常还需要创造一定的条件。首先，企业管理层必须是非常了解该行业和本企业的管理专家，能够对企业的经营状况和发展前景做出较为准确的判断；其次，管理层是风险偏好者，勇于开拓。

3. 选择合理的衡量标准

运用对赌协议时，选择合理的业绩评价标准也很重要。净利润是经常被使用的一项业绩评价标准，但不应是唯一标准，还应考虑扣除非经常性损益后的净利润。非经常性损益是指公司发生的与经营业务无直接关系，以及虽与经营业务相关，但由于其性质、金额或发生频率影响了真实、公允地反映公司正常盈利能力的各项收入、支出。非经常性损益会对企业当期利润产生较大影响，但不能全面反映企业的持续经营能力、盈利能力。以扣除非经常性损益后的净利润为评价标准，能使企业当期以及未来的盈利能力更加公允和客观，可以避免企业实际控制人为了急功近利，体现短期良好业绩而人为编制利润，从而影响对赌结果。

4. 精心设计和协商协议条款

对赌协议主要约定两方面的内容：一是未来某一时间判断企业经营业绩

的标准，目前较多的是财务指标（盈利水平）；二是若标准未达到，管理层补偿投资方损失的方式和额度。企业在签订对赌协议时，可以在协议条款中多设计一些盈利水平之外的柔性指标（非财务指标）作为评价标准，还要通过谈判设计制约指标。不能一味地迎合对方，不要为了融资而孤注一掷、饮鸩止渴，最终导致恶果。

5. 虽然签订的是对赌协议，但是企业在经营时不能有赌博心理

企业与投资方签署对赌协议要异常谨慎，根据企业的实际情况开展经营，切不可抱有赌博心理。有些条款是投资方强加给企业的，企业如果不加以辨认，一味看重利益而不顾实际情况，则很有可能出现被对赌条款"牵鼻子走"的情形，或导致对赌失败，或对赌成功但企业大伤元气，影响其长远发展。

综上所述，市场竞争中存在博弈，对赌协议在某种程度上就是投资方与被投资企业之间的博弈。虽然参与各方对对赌协议评价各有不同，但对赌协议本身无关对错，关键在于参与双方能否合理利用对赌协议。双方应当对自身情况、市场前景等都有深刻的了解，清晰认识协议可能带来的结果，只有这样，对赌协议才会发挥应有的作用，对收购方和被收购方产生正向激励作用。

第六节
并购现状

一、并购案例不断发生

股转系统不断完善新三板相关配套制度，出台一系列政策支持新三板挂牌企业开展并购重组活动，包括引入做市商制度、颁布《非上市公众公司收购管理办法》《非上市公众公司重大资产重组管理办法》《并购重组私募债券试点办法》等。截至2015年12月31日，新三板挂牌企业已达到5129家，越来越多品质优异的公司登陆新三板，同时也吸引了上市公司的目光。

新三板并购案例频发的原因主要有以下几点：第一，新三板挂牌企业数量和质量不断提升，为上市公司提供了很好的并购标的。上市公司并购新三板挂牌企业能够加快产业链横向或纵向整合，如联建光电并购易事达，属于产业链的横向整合。第二，由于缺乏行业积累和相关核心人才，上市公司进入新的行业需要很大的成本，且具有较大的不确定性，而上市公司可以直接通过收购新三板公司实现跨界转型或者储备新业务，例如欧比特并购铂亚信息。第三，新三板公司的并购成本较低。新三板公司具有较高的财务透明度和信息披露要求，较好的公司治理有利于上市公司降低并购成本。

二、并购金额连创新高

伴随着并购事件的不断发生，并购金额也不断攀升，新三板挂牌公司的价值正逐渐被市场认可，如表2-1所示。在大智慧并购湘财证券的案例中，收购金额达到了85亿元，将收购金额提升到了10亿级别。新三板挂牌企业众多且大部分都处于新兴行业或高科技行业，未来发展前景广阔，相信新三板并购金额在未来还会不断上涨。

表2-1　新三板并购案例及金额

并购案例	并购金额（万元）
亚威股份并购激光装备	10586.58
通鼎光电并购瑞翼信息	11500.00
芭田股份并购阿姆斯	14260.00
宝胜股份并购日新传导	16200.00
东方国信并购屹通信息	45100.00
欧比特并购铂亚信息	52500.00
大智慧并购湘财证券	850033.58

资料来源：全国中小企业股份转让系统

三、并购配套制度不断完善

新三板配套制度不断完善有利于活跃整个市场，能够增强新三板挂牌企业的吸引力，促进并购重组的活跃。预计未来将通过推出竞价交易、降低投资者门槛、放宽机构做市资格等方式来提升新三板流动性和交易活跃度；通过引入优先股、可转债等融资工具丰富融资途径；推出转板机制鼓励优质企业向主板转移，增强新三板的魅力。

1. 完善交易制度，促进合理定价

新三板与主板相比，发展水平还有较大差距，究其原因，主要有以下几个方面：首先，虽然做市商制度已推出，但大部分新三板挂牌企业仍采用协议转让方式，协议转让方式不利于提高流动性。其次，新三板对个人投资者有较高的门槛，限制了投资者的进入。当前个人投资者准入门槛为500万元，这一较高的门槛将很多中小投资者挡在新三板大门之外，使得新三板的投资者数量迟迟无法提升。再次，新三板企业股权集中度过高，按照《公司法》规定，改制以后发起人在一年之内股份不能转让。在这种情况下，很多企业挂牌之后没有可转让的股份。

为了解决上述问题，提升新三板交易活跃度，监管部门积极研究相应政策，并在合适时机推出。2014年8月25日，新三板做市商制度正式实施。做市交易很大程度上改善了新三板市场的流动性，而竞价交易方式和投资者门槛降低等制度也必将带来红利。

集合竞价制度也将在新三板市场发展到一定阶段后推出，集合竞价制度的推出或将彻底解决流动性问题。设想新三板市场引入集合竞价和连续竞价机制，按照"价格优先、时间优先"的原则，由交易系统自动撮合交易，成交效率将大大提高，且双方无法操纵价格，这对新三板市场有极大的促进作用。

新三板在成立和发展初期较为混乱、风险较高，设立较高的门槛能够有效保护投资者权益。随着新三板市场不断发展完善，降低投资门槛，让更多投资者参与新三板势在必行。相信多项利好制度的落实能有效提升流动水平，流动性的提升将带来连续的价格曲线，所形成的公允价格将为企业未来并购重组提供价格依据。

2. 出台一系列法律法规，鼓励并购活动开展

2014年6月27日，证监会发布《非上市公众公司收购管理办法》和《非上市公众公司重大资产重组管理办法》，明确非上市公司收购的具体程序、信息

披露要求、资产重组管理办法等，为新三板挂牌企业的并购与被并购提供了明确的政策支持。

2014年11月5日，中国证券业协会发布《并购重组私募债券试点办法》，丰富了新三板公司并购重组融资工具。

以上法律法规的出台都释放了明确的政策信号——鼓励新三板公司使用多种融资工具，通过并购重组做大做强。

3. 预期出台转板制度，提升新三板影响力

2013年12月24日，国务院发布《关于全国中小企业股份转让系统有关问题的决定》，提出在全国股份转让系统挂牌的公司，达到股票上市条件的，可以直接向证券交易所申请上市交易。该政策为新三板公司转板提供了最有力的政策支持。

2014年10月9日，证监会发布《支持深圳资本市场改革创新意见》，允许符合一定条件尚未盈利的互联网和科技创新企业，在全国中小企业股份转让系统挂牌满12个月后，到创业板发行上市。进一步提升了新三板公司潜在的转板预期。

在IPO排队情形迟迟难以缓解的情况下，新三板转板制度若能落地将大大提升新三板的吸引力。未来极有可能首先以互联网公司作为试验田，打通新三板和创业板的转板机制。互联网公司转创业板上市符合当今全球资本市场的趋势，以此作为突破口的概率很大。未来随着新三板发展不断完善，企业在新三板市场同样可以获得资金支持，得到相应服务，那转板就不一定是必须。但转板制度的建立有其必要性，未来满足一定标准的企业可自由选择是留在新三板市场还是转向主板。相信在转板制度推出的强烈预期下，套利动机将加快新三板公司的并购重组步伐。

第三章
并购企业估值

并 购企业估值是并购实施过程中较为关键的一步，并购双方协商的核心往往就是并购标的的具体价值。并购方法有许多，要根据企业所处行业和企业具体情况灵活选用。[①]

第一节
目标企业基本状况分析

目标企业基本状况分析是企业价值评估的基础。基本状况分析可以运用战略管理的分析方法，如PEST环境分析、SWOT分析、五力分析和波斯顿矩阵等多种分析法。对目标企业进行分析离不开对企业所处行业的分析，而对企业自身进行分析往往从其市场地位、管理状况和财务状况等方面入手。

一、企业所在行业的状况

分析某个企业的情况离不开对其所处行业的判断，行业大环境会对企业的发展产生重大影响。对于朝阳行业、符合国家发展规划的行业，国家往往会提供一系列优惠政策，进行大力扶持，如税收减免、低吸贷款等。处在该行业中的企业自然会受益，拥有光明的发展前景，但也会面临激烈的市场竞争所带来的挑战。而一些夕阳行业，或者发展较为成熟的行业，往往缺乏新的利润增长点，也难以得到政策支撑，行业中的企业也就难以有强势的表现。因此，对企业进行分析时，首先要对其所处的行业进行深入了解，从宏观上把握企业情况。

---

① 本章参考刘华杰《并购中目标企业的价值评估研究》、刘志强《并购中目标企业的价值评估研究》。

二、企业在市场中的竞争地位

企业在市场中的竞争地位，是对其进行价值评估的重要参考，拥有竞争优势的企业往往在市场中占据主导地位，拥有较大的市场份额，对这种企业进行并购较易实现价值最大化。分析企业在市场中的竞争地位可以通过横向比较的方法，将企业的收入、利润、市场占有率等指标与主要竞争对手进行比较分析；也可以通过纵向分析，对企业自身历年来的关键指标进行分析，预测出未来几年的发展情况，与行业的整体水平进行比较。

三、企业内部的管理水平

企业管理水平高低对于企业成败也尤为关键，建立现代企业管理制度能够有效提高生产经营效率，增强企业竞争力。管理水平提高不仅包括单个员工生产效率提高，自身潜力发挥到最大，也包括团队整体工作效率的提高，团队内部分工明确，信息交流通道顺畅等。良好的管理水平对于并购意义重大，并购完成后两家企业各方面的衔接与融合是否顺利在很大程度上决定并购的成败，有序且高效的管理能最大限度地促进制度、文化、人员、技术等各方面顺利完成过渡，发挥并购效应。

四、企业的财务状况

企业的财务状况往往是并购中最为关注的要素，财务状况的好坏不仅对并购价值的确定有很大影响，也对并购完成后企业的运营起着举足轻重的作用。因此，对企业财务状况的分析是企业基本情况分析的重要组成部分。同对市场竞争地位进行分析一样，对企业财务状况的分析也可以采取横向和纵向两种分析方法，通过对关键财务指标的计算来分析企业的盈利能力、偿债能力等，对企业未来发展情况进行预测。与此同时，不仅要对企业当前的财务状况进行分析，还要对未来的现金流量和资产负债状况等进行预测，为后续估价作准备。

第二节
并购中的价值评估方法

一、价值评估概述

1. 价值评估含义

企业价值评估就是根据特定的目的，遵循特定的原则，依照法定的程序，运用科学的方法，对企业的整体经济价值进行判断、估计、测算的过程。企业价值评估是以企业价值为依据，科学地进行财务决策，以实现企业价值最大化为理财目标的评估行为。企业价值评估是一项前瞻性工作，它必须考虑并处理大量的变量，而这些变量往往是企业在未来经营期内极为紧要的决策因素，在很大程度上决定着企业的发展方向。可以说，企业价值是决定企业一切财务活动的基础，而企业价值评估中所体现的经营理念必将转化为企业的生存能力和竞争能力，从而促进企业的持续稳定发展。

对资产的价值评估，严格地说，是对资产价值的货币表现，即资产的现时价格的评估，是评估主体按照特定目的，遵循法定标准和程序，运用科学方法，以统一的货币为单位，对被评估对象的现时价格进行评定和估算。价值评估是一种定量分析，但其中的各种数量并不完全是客观的。由于计算过程中的主观偏见，依据估价模型计算出的价值估价也会失真。评估的质量与评估者的经验、责任心、尽职调查所花费时间和精力等因素有关。另外，由于估价中需要对未来发展和经济提出各种假设，最后的估价数据还有不确定性，合理的误差是避免不了的。价值的估价会受到公司信息和市场信息的影响，正确的价值估价会有时间限制，而且随着新信息的出现，估价结论会有所改变。

2. 价值评估对象

并购中企业的价值评估对象是企业独立的市场价值及投资价值。企业独立的市场价值是指将企业作为一个整体进行评估，不是各部分的简单相加。企业独立的市场价值可分为股权价值和债权价值，从另一个角度，还可以分为持续经营价值和清算价值。企业的持续经营价值是在保持企业持续经营的条件下产生的未来现金流的现值。清算价值则是企业出现财务危机而破产或歇业清算时，将企业资产单独出售时的资产价值。在大多数情况下，评估的是企业的持续经营价值。由于协同效应和公司控制等原因，目标公司对于不同的投资者具有不同的投资价值。

3. 价值评估的重要性

价值评估在并购活动中有着相当重要的作用。首先，对目标企业进行价值评估能够对企业的情况进行彻底了解，包括企业的经营状况、财务状况等，这对于预测企业未来经营状况，确定并购价格有很重要的参考价值。其次，详尽的企业价值评估报告可以为筹措并购资金带来便利。并购案例涉及的资金往往数额巨大，企业除了自筹外，还会通过银行贷款、增发股票等方式筹措资金。无论是银行还是投资者都需要对并购项目有充分的了解，要求并购方对并购案例是否可行进行详细论证，因此，对企业进行价值评估格外重要。再次，资产评估过程中能够发现企业内部存在的众多问题，有助于企业发现问题，解决问题，将资产价值最大化。

4. 并购中企业价值评估的影响因素

企业价值评估会受到多重因素的影响，再加上并购双方对于企业价值几何往往分歧巨大，双方都希望交易价格对自己有利，因此，了解影响企业价值评估的因素是非常重要的。影响并购中目标企业价值评估的因素主要有以下几个方面。

第一，资产的未来价值。企业当前所拥有资产可以创造预期收益，企业历史效益、当前发展情况、所在行业的发展前景等都会影响预期收益的高低。对未来价值的判断受当前环境影响较大，若企业当前发展迅速，对其未来价值的预测也就较高，反之亦然。

第二，经营环境的不确定性。企业自身经营状况受行业大环境的影响较大，行业中不确定因素越多，风险就越高，对目标企业的估值就会下滑，而稳定的行业环境有助于企业估值的提升。但对于经营环境的不确定性也不能一概而论，不确定性既包括消极方面，也包括积极方面。未来的不确定性也有可能给企业带来意想不到的收益，这样的企业比稳定发展的企业估值反而更高。

第三，并购双方的地位。如果并购标的受到多家企业的关注，且潜在买方展开了激烈的竞争，则证明该标的被市场所欢迎，侧面证明了其较高的发展潜力，这就如供求关系会影响价格一样，企业评估价值自然会有所提高。此外，如果买方实力较为强劲，而标的企业自身实力薄弱，则买方占据绝对主导地位，拥有很强的议价能力，评估出的价值很有可能远低于标的企业真实价值；如果买卖双方实力接近，则影响较小。

二、价值评估方法

1. 资产价值基础法

资产价值基础法是通过对目标企业的资产负债和商誉进行逐项估价的方式来评估目标企业价值的一种方法。采用该方法时首先要对各项资产和负债进行评估从而得出资产负债的公允价值，其次对目标企业商誉进行评估，然后将资产的公允价值之和减去负债的公允价值之和就可以得出净资产的公允价值，加上商誉价值得出目标企业的评估价值，计算公式为：

目标企业评估价值=资产公允价值-负债公允价值+商誉价值

（1）国际上通行的资产评估标准。

①账面价值。

账面价值是指会计核算中账面记载的资产价值。这种评估方法不考虑现时资产市场价格的波动，也不考虑资产的收益状况，是一种静态评估标准。

②市场价值。

市场价值是指把资产作为一种商品在市场上公平竞争，在供求关系平衡状态下确定的价值。

③清算价值。

清算价值是指在企业出现清算时把企业的实物资产逐个分离而单独出售的资产价值。清算价值是在企业作为一个整体已丧失增值能力情况下的一种资产评估方法。

④内在价值。

内在价值与清算价值相反，是指企业资产作为一个整体仍然有增值能力，在保持其继续经营的条件下，以未来的收益能力为基础来评估企业的价值。由于收益能力在众多资产组合运用的情况下才能产生，因此内在价值标准更适用于企业整体资产的评估。

⑤公允价值。

公允价值是指将目标企业在未来持续经营情况下所产生的预期收益，按照设定的折扣率、市场资金利润率或平均收益率折算成现值，并以此确定其价值。它把市场环境和企业未来的经营状况与目标企业价值联系起来。因此非常适用于并购对目标企业价值的评估。

以上五种资产价值评估标准各有其侧重点，因而其适用范围也不尽相同。就企业并购而言，如果并购的目的在于其未来收益的潜能，那么公允价值就是重要的标准；如果并购的目的在于获得某项特殊的资产，那么清算价值或市场价值可能更为恰当；如果目标企业处于正常持续经营状态，就可以选择内在价值作为评估标准。

（2）目标企业资产负债公允价值的确定和评估。

①通过财产清查确定资产和负债。

主要内容包括检查目标企业账面记录是否完整和正确地分析目标企业的待摊费用、预提费用、长期待摊费用等跨期摊提费用项目。对于待摊费用和长期待摊费用项目，如果有益于并购经营活动，仍作为并购企业的一项资产保留在原账户上；如果不能使并购后的企业收益，并购企业不能予以承认，应冲减其对于预提费用项目的所有者权益。如果是以后须支付的预提费用，作为负债继续保留；以后不需支付的预提费用，应增加其所有者权益。并购过程中所发生的清理维护费等，应由目标企业负担，扣除其所有者权益。

②进行资产评估确定其公允价值。

并购方可以委托独立的第三方专业资产评估机构对目标企业的资产负债进行评估，评估后的价值应得到并购双方的同意和确认，评估后的资产公允价值减去负债的公允价值就是可辨认净资产公允价值。

（3）目标企业商誉的确认和评估。

理论上并购商誉是被并购企业预期的获利能力超过可辨认净资产获利能力的资本化价值，可运用超额利润法或折现超额收益法来确认和评估它的价值，常用的是超额利润法。折现超额收益法是根据将未来一定期间内从目标企业所获得的超额收益的现值来估算并购商誉的方法。其计算公式为：

商誉=预测期内各年超额收益现值之和

2. 市场法

（1）市场法的定义。

市场法又称市场比较法，是通过比较市场上相似企业的公允价格，经过类比分析，适当修正而得到的企业的价值评估结果。市场法是建立在替代原则的基础上，采用比较法进行企业价值评估，评估结果的准确与否主要取决于选择怎样的比较企业以及选择怎样的估算比率。

（2）可比企业的选择。

替代假设并不需要与目标企业完全相同的企业作为替代物，而是需要与目标企业具有相同效用的企业。效用体现为两个不同的属性："相似"且"相关"。

"相似"是指待评估企业的属性。它包括的内容主要有：企业规模，通常由销售额决定；产品或服务，当参照物有多样化的产品或服务时，每一项产品或服务及其销售量都应与目标企业相比较；市场条件，许多行业的市场都因为地理区域、客户关系、产品、服务或技术被分割为不同的部分，其中的每一项都可能影响一个企业能否作为参照的基准；财务表现，财务状况是企业经营的晴雨表，财务表现的不同反映了企业产品线、质量或服务市场的差别和业绩增长的差异。使用以上这些标准衡量时，大型知名企业或企业集团成为参照基准的可能性较小，它们的规模、产品的宽度、成熟的市场和财务优势通常与中小企业没有可比性。

"相关"是指潜在买主或投资人的预期属性。它包括的内容有：预计的风险水平，企业的风险包括经营风险和财务风险，其中经营风险是指企业由于经营和经济上的原因导致利润波动的可能性；财务风险是指由于使用财务杠杆引起投资人收益变化的可能性。评估风险要回答的问题较多，比如，企业的盈利对经济形势敏感吗？企业的杠杆率很高以至于在衰退时期会导致财务拮据吗？企业现有盈利的维持依赖于少数的客户和产品吗？企业风险越大，则它的资本成本越高，由此形成的资本化率会越大。这是因为企业预期收益的资本化率等于资本成本减去长期收益增长率。投资的流动性，主要体现在营业周期长短的差别和预期经营期限上；投资人的战略意图，通常情况下，关注企业经营效绩的评价的并购往往侧重于企业的公允价值，按照国际会计准则委员会（IASC）的定义，公允价值是"公平交易中，熟悉情况的当事人自愿据以进行资产或债务清偿的金额"（IASC32，1998）。而目的在于企业并购或消除竞争对手的并购则侧重于目标企业的投资价值，即特定的投资者或购买者出于买方的意愿、需要以及与被购买企业的合作所确定的价值。投资者或购买者收购同一行业或相近行业的企业，是为了取得不同的协同效应或其他整合好处，此种情况下支付的价格往往比潜在价值高出许多（比如溢价40%以上），但可以带来其他方面的战略利益。

（3）价值乘数选择。

市场比较法的基本模型为：

$$V = X \times (V_1/X_1)$$

V——目标企业价值；

X——目标企业可观测变量；

V_1——可比企业价值；

X_1——可比企业可观测变量；

V_1/X_1——价值乘数。

这种方法所依据的一个特有假设前提是评估对象V与X的比例与可比企业的V与X的比例相同。只要V与X比例在各个企业之间保持常数，上述模型对所有的可观测变量X都成立。为此，在应用时一个关键的步骤是挑选可观测变量X，并使X与价值指标有着确定的对应关系。一般而言，X的选取应与资产价值存在着因果关系。

①价格/收益比率（市盈率）。

市盈率在估价中得到广泛应用的原因有很多。首先，它是一个将股票价格与当前公司盈利状况联系在一起的一种直观的统计比率；第二，对大多数股票来说市盈率易于计算并很容易得到，这使得股票之间的比较变得十分简单；第三，它能作为公司一些其他特征（包括风险性与成长性）的代表。当然，这种方法也需要一定的假设前提：可参照企业必须是上市公司，股票能够公开发行；交易市场是成熟完善的；宏观经济处于平稳时期，证券交易市场不处于大起大落的时期。

在用上市公司做参照评估物的前提下，运用市盈率乘数法计算公司价值的公式为：$V_i=R_i \times PE_i$。其中V_i表示i公司的价值，R_i表示i公司的利润或股利，PE_i是参照企业的市盈率指标，由于待估公司i和参照企业的相似与相关性，可以将PE_i也作为待估公司i的市盈率指标。如果i公司不是上市企业，则需要进行流动性的折扣修正，假设这个修正系数为S，那么公式就变为：

$$V_i=R_i \times PE_i \times S$$

市盈率的计算公式：

$$PE=股利支付比例/（WACC-g）$$

PE——市盈率；

WACC——企业加权平均资本成本；

g——股利的支付数额以g的固定速度稳定增长。

市盈率法的局限性是假定目标企业的收益水平是保持不变的，没有明确收益的增长。同时，市盈率法收益指标和市盈率的确定有很大的主观性；目前我国股市尚未完善，市盈率不真实，因此风险很大，使用此法应当慎重。

②资产市场价值/资产重置价值比率。

资产市场价值/资产重置价值也就是托宾Q比率，它是运用市场法进行企业价值评估的一个很好的选择。通过托宾公式的变形可以得出，企业的市场价值=资产重置价值×Q。所以可以通过求得相似企业的Q比率来计算被评估企业的市场价值。在现实中，由于具体操作上的问题，我们采取一个和Q比率相近似的比率——市净率，它是评估参照公司的股票市值/企业净资产值的比率（PB）。其中，企业的净资产值指的是企业资产扣除全部负债后的股东权益净值，股票市值和企业净资产数值数据不难取得，所以常常用市净率代替Q比率。

其计算公式为：

$$PB=P_0/BVPS_0=ROE_0 \times \left[股利支付比率/（WACC-g） \right]$$

P_0——0时刻股票的价格；

$BVPS_0$——0时刻每股收益的账面×价格；

ROE_0——股东权益回报率；

WACC——企业加权平均资本成本；

g——股利的支付数额以g的固定速度稳定增长。

运用资产市场价值/资产重置价值比率也存在着一定的问题。首先，公司价值是不是一定与企业净资产的重置价格有完全的正相关关系，尚且是一个值得进一步讨论的问题。公司的价值，不仅与公司的资产有密切联系，还往往取决于市场的环境、评估目的和公司的战略、组织结构效率、财务方案、人力资源利用状况，而且这些软环境因素往往是决定公司价值的重要方面。其次，运用此比率对企业进行价值判断，往往得到的价值估计与实际出入较大。因为此比率所用的数据比较粗糙，往往忽视了影响企业价值的其他一些重要因素，所以误差较大。

③价格/账面价值比率（P/BV）。

资产的市场价值反映了该资产的盈利能力和预期现金流，而账面价值反映的是它的初始成本。采用 P/BV 比率主要有以下的原因：第一，账面价值提供了一个价值相对稳定和直观的量度，投资者可以将其作为与市场价格比较的依据，对于那些不相信或不使用未来现金流量折现方法所计算的价值的投资者而言，账面价值提供了一个非常简单的比较标准；第二，P/BV 比率提供了一种合理的跨企业比较标准，投资者可以通过比较同行业中不同公司的 P/BV 比率来发现价值被低估或高估的企业；最后，即使是那些盈利为负，无法使用 P/E 比率进行估价的企业也可以使用 P/BV 比率进行估价。这一估算比率适用于那些资产占重要地位及大部分资产和负债具有流动性特点的公司，如银行、保险、证券业等。在这些行业中，资产的账面价值经常是其市场价值的保守估算，一个企业的 P/BV 比率从根本上来说是由其净资产收益率、预期红利支付率、预期收益增长率和风险等因素决定的，这也与折现现金流量模型中价值决定的基础因素相关。决定 P/BV 比率最关键的因素是净资产收益率，其高低直接影响到 P/BV 比率，只有当净资产收益率和 P/BV 比率不匹配时才会引起投资者的注意。高 P/BV 比率、低净资产收益率表明企业价值被高估；低 P/BV 比率、高净资产收益率则表明企业价值被低估了。

采用 P/BV 比率也存在一些缺陷。第一，账面价值和盈利一样会受到折旧方法和其他会计政策的影响。当企业之间采用不同的会计政策时，将难以对不同的企业进行 P/BV 比率比较；同样，当不同国家采用的会计制度或准则存在重大差异时，利用 P/BV 比率进行跨国间的企业价值评估也将失去意义。第二，账面价值对于某些没有太多资产的服务行业来说意义不大。第三，如果企业连续多年亏损，那么企业权益的账面价值可能为负，相应地 P/BV 比率也会变为负值。第四，账面价值反映的是初始成本，如果在获得一项资产后，其盈利能力显著增加或降低，那么，其账面价值就会与市场价值产生显著差异。

（4）选用市场法进行价值评估的优缺点。

市场法估算目标企业的价值，最大的优点是很容易从股票市场上获得相关的数据，直接确定企业的价值。市场法由于这种直观性的特点，克服了自由现金流贴现法存在的对输入参数的过度依赖；从投资的角度看，它提供了整个市场目前对企业价值的评估信息，包括整体市场、行业和行业内单个公司的估值信息；此外，该方法和理论都相对简单。

但该方法的最大缺点是虽然它提供了目前市场对价值的评估信息，但并没有提供目前价值评估的合理程度，即目前市场的估值是否合理。如果市场本身高估，所得出的价值是否合理就无法准确判断。由于价值判断标准本身存在差异，以及其他一些特殊的原因，这种估值是否合理就更难判断。因此，对于该方法的应用而言，关键在于满足两个前提条件，一是可以找到比较好的可比公司，他们在行业、规模、风险等方面具有类似的特点。在我国，目前证券市场还不完善，投机炒作成分较多，产权交易还不甚活跃，可比样本较少，这些给比较估价法的应用带来一定困难。二是市场必须是有效的，市场的有效性决定着价值评估的准确性。市场越完善，交易越活跃，可比较的样本越多，就越容易采用市场法。

3. 市盈率法

市盈率法是根据目标公司被并购后的收益和市盈率来确定其价值的方法。市盈率是投资者为获得每一元的盈利所需支付的价格，反映了企业股票收益和企业市场价值之间的关系。投资者以市盈率的高低来判断股票的投资价值。市盈率模型主要适用于对上市公司的并购尤其是采用股票并购方式，其计算公式为：

目标企业的评估价值=估价收益指标×标准市盈率

应用市盈率模型对目标企业估值的步骤如下。

（1）检查调整目标企业近期的利润业绩。

在检查目标企业最近的损益账目时，并购企业必须仔细考虑这些账目所遵循的会计政策。若有必要，需调整目标企业已公布的利润以便使其与并购企业的政策一致。

（2）选择计算目标企业估价收益指标。

一般最简单的估价收益指标可以采用目标企业最近一年的税后利润，因为其最贴近目标企业的当前状况。但是考虑到企业经营中的波动性，尤其是经营活动具有明显周期性的目标公司，采用其最近三年税后利润的平均值作为估价收益指标将更为适当。实际上对目标企业的估价还应当更多地注意其被并购后的收益状况。比如当并购企业在管理方面具有很强的优势时，假设目标企业被并购后在有效的管理下也能获得与并购企业同样的资本收益率，那么以此计算出目标企业被并购后的税后利润作为估价收益指标可能对企业并购决策更具有指导意义。

（3）选择标准市盈率。

通常可选择的标准市盈率有：在并购时点目标企业的市盈率、与目标公司具有可比性的企业的市盈率、目标企业所处行业的平均市盈率。选择标准时必须确保在风险和成长性方面的可比性，该标准应当是目标企业并购后的风险成长性结构而不应仅仅是历史数据。同时实际运用中通常需要依据预期的结构对上述标准加以调整，因为难以完全准确地把握市盈率与风险成长性之间的关系。

（4）计算目标企业的价值。

利用选定的估价收益指标和标准市盈率计算出目标企业的价值。运用市盈率进行价值评估要注意两点：未来盈利的前景与这些盈利联系的风险。市盈率是企业预期盈利增长性的增函数，是企业风险的减函数。这意味着股票价格及相应的市盈率应随着盈利前景的看好而上升，随着风险的增加而下降。股票的市盈率很容易从市场中计算出来，使得这种方法操作简便，在有效市场的情况下股票价格能反映企业的整体素质和未来盈利前景，反映企业实物资产和组织资本的协同效应。市盈率基本能代表企业的风险和成长性，这种方法用股票的价格评估企业的价值，但股价并不能真正反映企业的价值，特别是我国的证券市场还不成熟，存在结构性缺陷：股市波动风险大、上市企业数量不多、历史数据少、投资者的选择面窄，要获得代表性的参照企业和市盈率并非易事。

首先，一些盈利状况不好、资产质量欠佳的上市企业，由于存在重组题材，股价仍然坚挺，市盈率还会上升。可见一定程度上企业的市盈率并不反映其业绩和盈利水平，而是反映投资者对企业的态度和对证券市场的信心。这些因素都会影响市盈率的准确估计。

其次，市盈率采用损益表中的会计利润来计算我国上市企业的会计利润，计算结果质量比较低。企业为了获得配股资格或提升估价有意选择某种会计政策，在存货计价、应收账款核销、折旧及摊销政策、投资收益计算、债务重组、关联方交易等方面进行粉饰，虚增收入少报费用夸大实际盈利，在会计利润中注入了水分。这样的盈利计算在一定程度上歪曲了市盈率。

再次，参照企业的选择有较大的主观性，同行业的企业在资产规模、业务组合、增长潜力和风险程度上存在很大的差异，周期性波动也会造成市盈率的不准确。尽管存在这些缺陷，市盈率仍因其可操作性而被广泛应用于大多数企业。

4. 折现现金流量法

（1）折现现金流量法（DCF）原理。

折现现金流量法又称折现现金流量模型，它的基础是现值原理，也就是任何资产价值都等于其未来期望现金流量现值。该法是一种理论性较强的方法，思维严密，科学性强，但是存在主观性强、需要一些前提和假设的欠缺。不过并不影响这种方法的合理性，该法的结论往往作为检验其他方法合理与否的基本标准。

折现现金流量法是在企业持续经营的前提下，通过对企业合理的预期获利能力的预测和适当的折现率的选择，计算出企业的现值。该方法将企业内部的各不相同的单项资产作为统一的不可分割的要素整体进行评估，它不是各单项资产的简单加和，而是企业正常经营条件下的资本化价格，整体反映企业资产的未来获利能力，揭示企业内在的价值。所以，以折现现金流量法作为企业价值评估的基本方法最合适。折现现金流量认为企业的价值是各投资者（广义的投资者为对企业做出了各种专用性投资的利益相关者）利益要求权的价值，该价值不是过去的，也不是现在的，而是未来可以提供给投资者的确实的现金流量。其计算公式为：

$$V = \sum_{t=1}^{n} \mathrm{CF}_t / (1+K)^t$$

其中，CF_t表示企业第t年的现金流量，K表示折现率，t是预测期间。在DCF模型的基础之上，通过对CF_t、t、K三个参数的不同选取，衍生出许多不同的企业价值评估模型，包括股利折现模型、自由现金流贴现模型（又称折现现金流量模型）、EBO模型等。折现现金流量法是企业并购中评估目标企业价值最常用的方法，它是根据目标企业被并购后各年的现金净流量按照一定的折现率所折算的现值，作为目标企业价值（不包括非营运资产的价值）的一种评估方法。主要适用于采用控股并购方式即并购后目标企业仍然是一个独立的会计主体或法律主体的情形。

显然采用折现现金流量法评估目标企业价值的过程其实就是处理资本预算问题。从计算公式可见目标企业价值与未来各年现金净流量成正比，与体现风险价值和时间价值大小的折现率成反比，即在风险与预测期一定的情况下，目标企业未来产生的现金净流量越多，企业价值就越高，在目标企业未来产生的现金净流量一定的情况下风险越大折现率就越高，从而企业价值也就越低。采用折现现金流量法确定并购后目标企业的评估价值，关键是正确选择和估算公式中的三个因子，即预测期限n的确定、并购后目标企业各年现金净流量CF_t的测算、折现率K的确定。

①预测期限n的确定。

在通常情况下评估目标企业价值的预测期限为5～10年，预测期越长预测的准确性越差。并购企业可以根据所掌握的相关数据的难易程度及其可信度的大小具体确定预测期限。

②各年的现金净流量CF_t的测算。

假定并购后的目标企业在并购企业的控制下独立经营，并购企业根据其控制能力和管理水平预测目标现金公司流量时，应先检查目标企业历史的现金流量表并假定并购后目标企业运营将发生变化，在充分考虑并购协同效应的条件下确定各年目标企业的现金净流量。

其计算公式为：

$$CF_t=年营业现金净流量-年资本性支出-年追加的流动资产投资$$

折现现金流量法主要适用于控股并购方式，即并购后目标企业仍然是一个独立的会计主体或法律主体。如果将该法用于计算并购后不再继续独立经营的目标企业，现金流量现值各年的现金净流量的测算比较困难，须考虑更多的影响因素，如并购后管理效率的提高、规模经济效应和协同效应所引起的现金净流量的变化、撤并企业与新设企业的费用、原目标企业与原并购企业的现金流量的划分等。

③折现率 K 的确定。

折现现金流量法高度依赖于折现率的确定，折现率的微小差别都会造成目标企业的评估价值的巨额差异。从理论上讲，在折现现金流量法中折现率应该是并购后目标企业的边际资本成本率或并购后并购企业对目标企业所要求的最低报酬率。但是在并购实务中一般采用股权资本成本、债权资本成本和加权平均资本成本近似确定折现率。折现现金流量法以现金流量预测为基础，充分考虑了目标企业为未来创造现金流量能力对其价值的影响，在日益崇尚现金至尊的现代理财环境中，对企业并购决策具有现实的指导意义。但是运用这一方法对决策条件与能力的要求较高，且易受预测人员主观意识的影响，所以合理预测未来现金流量以及选择折现率的困难与不确定性可能影响折现现金流量法的准确性。

（2）折现现金流量法两种计算模型。

现金流是指一项投资或资产在未来不同时点所发生的现金流入与流出的数量，净现金流是现金流入量与现金流出量的差额。根据现金流和折现率的具体含义，可将企业价值评估的思路归结为两种：一是将企业的价值等同于股东权益的价值，即对企业的股权资本进行估价（又称权益法）；二是对企业整体的价值包括股东权益、债权、优先股的价值总和的评估，即评估的是整个企业的价值（又称实体法）。

根据两种不同的评估思路，可将现金流分为两种，一种是股权自由现金流（FCFE），另一种是企业自由现金流（FCFF）。分别对应两种不同的现金流折现模型，股权自由现金流折现模型和企业自由现金流折现模型。很显然，二者对应的折现率不同，分别对应股权资本成本与资本加权平均成本。

①股权自由现金流折现模型。

股权自由现金流量是指目标企业在履行了各种财务责任之后的剩余现金流量，这些财务责任包括资本性支出、营运资本追加、旧债偿还和发行新债。公司股权持有人拥有对该公司产生的现金流量剩余额的要求权，也就是公司在履行了包括偿还债务在内的所有财务责任和满足了再投资需要之后的全部剩余现金流量。

股权自由现金流的计算方法：

　FCFE=营业现金流量-资本性支出-营运资本追加额-债务偿还+新债发行

或者

FCFE=净收益+折旧与摊销-资本性支出-营运资本追加额-债务本金偿还+新发行债务

稳定增长的FCFE模型：

如果公司具备维持稳定增长所需的条件，即折旧能够弥补资本性支出，同时公司的资产也必须具有市场平均风险，那么就可以假定公司以一个稳定的增长率持续增长，也就可以应用稳定增长的FCFE模型评估公司价值，其公式表示为：

$$P_0 = FCFE_1 / (r-g)$$

P_0——公司当前的股权资本价值；

$FCFE_1$——预期下一年的股权自由现金流；

r——公司的股权资本成本（即投资者要求的收益率）；

g——FCFE稳定增长率。

②企业自由现金流折现模型。

企业自由现金流折现模型是一种针对整个企业的价值评估方法，用资本加权平均成本折现整个企业自由现金流，就可得出整体企业价值。

企业自由现金流的计算方法：

一种方法是根据企业自由现金流定义，把不同权利要求者的现金流加在一起。另一种方法是从利息税前收益（EBIT）开始计算的。通过FCFF与FCFE的比较可知，FCFF是偿还债务之前的现金流，所以不受企业负债比率的影响。FCFF与FCFE差别在于FCFF中有与债务相关的现金流，如利息支出、本金偿还、新债的发行的和优先股股利等，这就是二者相差的部分，用公式表示就是：

FCFE=FCFF-利息费用×（1-税率）-本金归还+发行的新债-优先股股利。

稳定增长的FCFF模型：

与FCFE稳定增长模型一样，当企业以某一固定的增长率增长、可以使用稳定增长的增长率时，可以使用稳定增长的FCFF模型进行评估。其基本公式为：

$$P_1=FCFF_1/（WACC-g）$$

P_1——企业价值；

$FCFF_1$——预期下一年的FCFF；

WACC——资本加权平均成本；

g——FCFF的永久增长率。

由于企业自由现金流FCFF是企业偿还债务之前的现金流，并不受企业负债比率变化的影响。因此，用FCFF模型可以评估那些财务杠杆比率比较高或财务杠杆比率容易发生变化的企业。

（3）折现现金流量法的适用性与局限性。

①折现现金流量法的适用性。

折现现金流量法更符合价值理论。它反映了企业的未来盈利能力，反映了投资于企业的风险，符合长期战略发展的需要。因为长期现金流量与会计收益的高度相关，该方法还克服了市场价格被高估或低估的可能。尽管这种方法的应用需要许多严格的前提条件，如资本市场的效率、企业经营环境和战略的稳定、预测的准确性、企业具有预定的增长模式等，但通过对预测和折现值的调整来弥补前提条件的不足，也可以用它来评价除新兴行业以外的大部分企业。当然如果公司的资本结构成熟或者相对稳定，则更为理想。

折现现金流量法适合评估的目标企业通常是目前的现金流为正，并且将来各时期的现金流可以比较可靠地估计，同时应可以获得一个风险参照，利用该风险参照可以得到折现率。如果并购企业有一个长的投资期限，能够等待市场纠正其估价错误，使价格回归其"真实"价值，或者并购企业能够促使价格向价值靠拢，那么运用该方法效果最好。

②折现现金流量法的局限性。

折现现金流量法要求对未来盈利和资本支出做出合理预测，这种预测的合理性很难保证，即使是合理的，也要求企业的稳定性、市场的稳定性及评估人员优秀的专业技能等作为前提条件才能实现；同时资本市场的不完善、竞争不充分都会影响折现率的估计值。从现金流量折现法公式中可清楚地看到，利用现金流量折现法进行投资决策只依靠两个变量：现金流量和折现率，即使是考虑了风险的现金流量折现法也同样如此。对两个变量的高度依赖使这一方法至少存在三大缺陷。

a. 缺乏灵活性。

在折现现金流量法下，管理者只是被动地估计并接受未来市场的状况，通过直接预测未来的现金流量并根据判定的资本成本来计算投资现值，确定在现在时点应选择的方案，然后静观事态发展，对初始决策不再进行任何更改。但在现实经济社会中，市场环境因竞争等因素的影响在不断地发展变化，真实的现金流量很可能与管理者在投资初期所预测的数值大相径庭。现金流量折现法不能灵活处理预期值与实际值之间的差异问题。同时，随着时间的流逝，原本不确定的市场状态可能明朗化，原本不易预测的收入也可能昭然若揭，管理层则可根据获取到的新信息对原有策略进行调整。例如，决策者可能将企业并购范围扩大，也可能将并购延期，甚至放弃该并购。而在现金流量折现法中，根本没有考虑到管理者可在不同阶段选择不同管理战略的问题。正是由于对现实环境中的变数考虑不足，现金流量折现法计算公式显得僵化，现金流量折现法的准确度还有赖于对未来事件的准确估计。因此，无论是真实数据与预测数据不符，还是管理层在并购项目开始后调整投资策略，未来任何一个变动都将使现金流量折现法计算出的投资净现值失效，从而使现金流量折现法失去对管理者当前决策的指导意义。

b. 缺乏对不确定性价值的认知。

折现现金流量法把以可靠信息为基础的估计与以不确定假设为基础的估计掺杂在一起，这不但影响了结果的准确性，更忽略了不确定性的价值。传统观念认为不确定性是一种危险，企业在并购过程中应尽量避免不确定性。但事实上，不确定性并不是单向发展的射线，而是包括正向和负向两个可能延伸方向的直线。如果能够正确定位，是可以通过利用不确定性而盈利的。换言之，不确定性创造价值。未来具有不确定性，意味着未来可能存在目前无法预见的机会。等到机会到来后再采取相应行动，或者等到掌握了足够信息后再进行决策，所获收益与不等待而直接行动的收益存在一定的差别，这一差别就是等待的"机会"的价值，或者称为"不确定性价值"。现金流量折现对这一价值的忽略不仅对投资项目的评价产生偏差，更重要的是，它直接影响了管理者的思考过程。使管理者只注重对未来现金流的预测，却从不考虑这些问题：在企业并购后，有哪些可供选择的机会？使后续投资生效的条件是什么？而这些问题在筹措及实施过程中都可能对企业并购的成败产生重大影响。

c. 无法实时跟进市场对并购项目的评价。

在市场化程度越来越高、公司股份化已成为大势所趋的今天，并购项目运行的好坏会直接影响到公司的市值，完全脱离公司的市值表现进行并购价值分析，则显得过于主观。而折现现金流量法中，没有任何与公司市场价值有关的变量。也就是说，折现现金流量法只能在某一时点上通过评估人员本身对未来现金流的估计来给出该并购价值，而不能体现出市场对该并购的评价。

当企业处于下述情形时，折现现金流量法也会失灵。

a. 企业陷入困境。此时其未来现金流量多为负数，对于这样的企业，随时面临破产的风险，预测其未来的现金流量是非常困难的。

b. 企业的收益和现金流随着经济状况剧烈波动。运用折现现金流量法，预测的未来现金流较为平稳。而收益剧烈波动的企业，往往在经济萧条时期，其情形同陷入困境的企业类似；而在经济繁荣时期，对其预测又会过于乐观，与实际不符。

c. 企业拥有大量未利用的资产。未来现金流量，反映的是企业全部资产产生现金流的能力，如果一个企业拥有大量未利用的资产，这些资产的价值就很难在未来现金流量折现的过程中体现出来，因而单纯运用折现现金流量法很难估价准确。

d. 企业正在重组。重组中的企业其资产买卖、资本结构改变或股利政策变动，增加了对未来现金流量与经营和财务风险预测的难度。

e. 企业经历恶意收购，或无法正确估计并购带来的协同效应。此时企业的管理状况发生改变，很难预测被评估企业未来的现金流量。

5. 成本法

成本法估价适用于并购后目标企业不再继续经营，并购方意图购买目标企业某项资产或其他生产要素的情况。

（1）估价主要方法。

①账面价值法。

企业账面价值是指资产负债表上总资产减去负债的剩余部分，也被称为股东权益、净值或净资产。它是以会计核算为基础的，并不能充分反映企业未来的获利能力。会计准则允许各企业选择不同的折旧方法或存货的计价方法，这就使得企业账面价值不能反映这些资产的真实价值或使用价值。而且，有些无形资产，如专利权、商誉等在资产负债表上无法反映出来，但它们却能为评价企业盈利能力提供许多信息。因而，一般情况下不应以账面价值作为最终评估结果。

②清算价值法。

清算价值法是在企业作为一个整体已丧失增值能力情况下的一种资产评估方法。其中，清算价值是指目标企业出现财务危机而导致破产或停业清算时，把企业中的实物资产逐个分离、单独出售得到的收入。它可以用作定价基准，即任何目标企业的最低实际价值。企业并购中清算价格的运用在我国仍是一个新课题，这方面的实践较少，清算价格的理论和实务操作都有待进一步总结和完善。

③重置价值法。

该方法是通过确定目标企业各单项资产的重置成本，减去其实体有形损耗、功能性贬值和经济性贬值，来评定目标企业各单项资产的重估价值，以各单项资产评估价值相加再减去负债作为目标企业价值的参考。它的基本思路是：任何一个了解行情的潜在投资者，在购置一项资产时，他所愿意支付的价格不会超过建造一项与所购资产具有相同用途的替代品所需的成本；如果投资者的待购资产是全新的，其价格不会超过替代资产的现代建造成本扣减各种陈旧贬值后的余额。这种评估目标企业价值的方法适用于并购企业以获得资产为动机的并购行为。用这种方法评估企业价值，是目前我国评估实务界运用最多的。

④公允价值法。

公允价值法是指将目标企业在未来持续经营情况下所产生的预期收益，按照设定的折现率（市场利率或平均收益率）折算成现值，并以此确定其价值的一种方法。它把市场环境和企业未来的经营状况与目标企业价值联系起来，是最适合评估目标企业价值的标准之一。

以上四种资产评估价值标准各有其侧重点，因而其适用范围也不尽相同。就企业并购而言，如果并购的目的在于其收益的潜能，那么公允价值就是重要标准；如果并购的目的在于获得某项特殊的资产，那么清算价值或市场价值更为恰当。

（2）成本法的适用性及优缺点。

该类方法的优点是客观性较强，着眼于企业的历史和现状，不确定因素较少，风险较小。当目标企业缺乏可靠对比数据时，如果公允价值或重置成本能够合理估算，获利能力也与资产的市场价值或重置成本密切相关，那么这种方法就能近似地得到企业的价值。企业的大部分价值由其掌握的资源组成时，情况就是如此。

这种方法的缺点也是显而易见的。它以企业拥有的单项资产为出发点，忽视了整体获利，没有考虑资产负债表外的无形资产项目。企业要为其证券持有人创造价值，这一价值必须超过所有单项资产的价值之和。康纳尔和夏皮罗将这种能够产生附加价值的无形资产称为组织资本。组织资本包括无形资产和商誉，如企业的管理水平、品牌优势、人力资源、分销渠道等。组织资本是企业价值不可分割的重要组成部分。失去了组织资本企业就会解体，实物资产不能完全代表企业的价值。账面价值调整法忽略了这一部分，尤其不适用于评估高科技公司和服务性公司。由于强调资产的重置价值，这种方法主要可用于评估以有形资产为主体的企业、非营利性组织和处于亏损边缘的企业（清算价值）。

重置成本估价法是一种基于市场的资产价值估价法，对于评估一般资产价值来说，重置成本估价法考虑了市场的调控作用，具有一定先进性。但是企业不同于一般的有形资产，企业拥有组织资本和组织经验等无形资产，企业拥有未来投资的选择权和潜在获利能力，重置成本估价法以资产为依据，评估的是企业资产（更多的是有形资产）的价值，无法全面评估企业的价值。因此无形资产的价值和企业潜在获利能力的价值是很难通过重置成本法估算的。

6. 期权法

（1）实物期权的概念。

期权是一种允许持有者在未来某一天或者这一天前，按照某一特定价格买入或卖出某种特定资产的权利，其中买进的权利称为买权，卖出的权利称为卖权。所谓实物期权，是以期权概念定义的实物资产的选择权，由金融期权演变而来，指公司进行长期投资决策时拥有的、能根据在决策时尚不确定的因素改变行为的权利，属于广义期权的范畴。比如某项投资与购置的资产可以在必要时转作他用，这种转作他用的机会实际上相当于买权多头所提供的权利，实物期权能极大地影响甚至改变长期投资决策，尤其在高风险、资本密集型投资中。该资产的所有人可以把该资产转作他用，也可以不转作他用，他可以自由选择。如果不转作他用，则这种转作他用的机会的价值为零；如果转作他用，则这种选择权的价值将大于零。

（2）并购期权的分类。

企业控制期权有许多种类，这是由企业控制权属性所决定的。在企业并购特定背景中，从企业资产负债表来看，常见的企业控制期权有对资产方相机处理的权利以及权益方相机处理的权利，对目标企业资产方相机处理的权利常常被称为资产重组，而对权益方相机处理的权利被称为债权、股权结构调整。

通过掌握控制权，收购企业可以根据经济环境、目标企业以及自身条件等情况的变化，对并购战略、目标企业进行调整。收购企业持有调整的权利但无调整的义务，因而拥有经营灵活性带来的企业控制期权。一般而言，收购企业对目标企业资产拥有的相机处理权利包括以下几类。

①延迟期权。

基于实物期权理论，Ingersoll和Ross等人通过对项目的投资时机进行研究发现，当投资者对项目的投资时机具有选择权时，适当地延迟项目进程也许会为其带来价值。具体来说，当项目目前发展不利时，公司决策层可以考虑延缓投资行为，等待利好因素到来，标的基本面转好时，再进行投资。这就可以看作是一种看涨期权，在有利时机执行该期权。同理，在进行并购活动时，此理论也适用。

②分阶段建设期权。

Trigeogis等人在研究报告中得出结论："投资项目的一气呵成并不见得是好事，边走边看也许更加有利，这样便利于人们在情况不利时对后续投资计划做出相应调整。"这也就是说，在项目执行过程中，后一阶段的投资决策应该基于之前的投资经验和效果。因为，随着时间的推移、项目情况的变化和投资者自身积累经验的增加，对后续决策都会产生影响。因而，分阶段进行能够为企业带来更大的价值。在企业并购活动中，并购方在各阶段的意图也不尽相同。在项目初期，资金的流出换来的是资产的累积；而在后期，并购方会更加关注被收购方未来长期的发展。

③ 经营规模变动期权。

针对经营规模变动期权，Myers、Maid和Pindyck等学者对此进行了大量研究。结果表明："在经营状况好（坏）时，拥有扩大（缩小）经营规模权利的企业比没有这种权利的企业有更高的价值。"也就是说，当被收购企业提供产品或服务供不应求时，可以考虑扩大投资规模；企业得到资金可以更好发展，进入良性循环。这可以看作是一种看涨期权。相反，当企业运营不佳或市场环境较差时，考虑减少投资规模，持续观望。这可以看作是看跌期权。

④ 转换期权。

这是一种较为复杂的期权，是看涨期权和看跌期权的结合。有些投资标的自身的多重资源可以被灵活运用，那么它就具有动态可转换的功能。可以根据市场环境、自身发展等因素的变化，进行资源整合和再利用。在并购活动中，收购标的在财务、运营、产品、资产方面具有某些独特优势，可以通过不同的组合形式扩展业务、开发市场、完善管理等。

⑤ 增长期权。

增长期权的概念源于Kester对企业增长期权的论述"今天的期权，明天的增长"（Today's option for tomorrow's growth）。并购活动会为被收购方带来一定的协同价值和战略价值。而这些价值可以看作是投资方对标的方资产的一种增长期权。

⑥ 放弃期权。

放弃期权，顾名思义是指在被投资方后续运营不佳、前景不明朗的情况下，投资方可以有选择地进行撤资行为。这是一种较为极端的看跌期权。而在并购活动中，这可能体现为部分或全部出售被收购方资产，以期降低投资风险。

收购企业对目标企业资产相机处理的六种选择权利的应用，受到其自身资产、技能分布状况的制约。在对企业资产和债务重组的过程中，并购企业不可能把所有的方法都一次用上，而是会根据环境以及自身的资源条件对以上六种选择权利相机使用，使企业控制期权的价值最大化。

（3）并购中的期权定价评估法。

在并购中，可以采用分期购买、分期报价、债转股、可转换债券等方式灵活地进行并购，并购方可在被并购方形势不佳的情况下中止并购，减少损失。并购的这些性质说明并购具有类似于期权的性质。并购的机会相当于并购方拥有的买方期权，并购发生相当于执行期权，并购方一旦执行了期权，这一并购机会所具有的价值就消失了，转化为并购成本，这称之为机会成本。兼并收购具有期权性质，兼并收购主要看重与企业合并后所能产生的在未来可使企业获得巨大收益的机会，而并不是指望当前就可赢利，并且它可以推迟或取消。在开始时刻，并购方要做是否进行兼并收购投资的决策，这一兼并收购决策将给并购方进一步扩大市场份额、巩固市场地位以及进入新的业务领域的权利，其持有者可以通过并购投资行使期权。并购方如要对此并购做出决策时，他就拥有这一并购的购买权，它使并购方在将来可以得到进行并购行动产生的相应收益；当并购方拥有购买被并购方的权利后，企业还拥有推迟一段时间进行并购的权利，即并购具有延迟期权；如果市场状况非常之差，以至于继续执行并购将会对并购方不利时，他可以放弃该兼并收购，即放弃并购的效果比继续执行更为有利，也就是说他拥有这一并购的弃置期权。

所有这些灵活性都给并购增添了价值，这时仅运用传统的企业并购价值评价方法对企业兼并收购价值进行评估就不够准确。因为这些方法忽视了并购方拥有的并购中隐含的期权价值，从而低估了并购的价值，这样就有必要通过实物期权方法对兼并收购中隐含的期权价值进行估价。按照期权理论，企业兼并收购的价值可以由两部分组成：静态净现值和具有灵活性的期权价值。企业并购中隐含实物期权价值，并购方要开展业务就必须行使权利，打算取得这一权利的企业应支付与期权价值相等的费用，于是企业并购的期权价值就是为了取得权利而支付的期权费。利用实物期权方法可以确定并购中隐含的期权价值，然后将实物期权价值加入到传统评估方法计算出来的静态净现值中去，这样才是对企业并购价值的完整评估。

（4）与折现现金流量法的比较。

期权定价法是将实物期权的理念应用于企业价值评估中的一种估价方法。与折现现金流量法相比，期权定价法的优势如下。

①折现现金流量法认为不确定性是破坏现金流可测性的风险，应加以避免，甚至忽视其存在；期权定价法认为未来不确定性赋予管理者决策的灵活性，是一种资源，应加以利用发掘。

②折现现金流量法基本假设是即时决策，未能充分认识未来信息的价

值，是一种先决策再等待的管理过程；期权定价法认为未来信息价值很高，在决策判断中，等待有时是最好的策略。

③折现现金流量法只承认预测的有形成本和利润；期权定价法认为收益会随管理者的决策变化而改变，灵活性具有较高价值。

总之，期权定价法考虑了企业未来的增长机会，更为科学、准确，但是其应用仍有很大局限性。首先，参数预测有相当难度。现实中，要明确企业包含的现实选择权，必须了解企业的财务状况、经营情况、行业地位、发展前景及投资方向，并对企业多个方面做出预测。其次，期权定价法应用的前提假设非常严格，现实中大多时候，很难满足其要求的前提。

三、影响价值评估方法选择的因素分析

并购中对标的企业进行价值评估是整个并购交易最为关键的一环，而选择哪一种价值评估方法对于企业价值评估至关重要。评估方法有很多，每种方法的侧重点不同，所适用的范围也不尽相同，每一种方法都有自身的优势和劣势，要根据具体情况灵活使用。可以有针对性地选择某一种方法，也可以采取多种方法，对评估结果进行比较分析。选择价值评估方法时一般会考虑以下因素。

1. 企业的并购动机

企业并购活动可以分为以增加赢利为目的并购和以降低风险为目的并购。以增加赢利为目的并购更看重目标企业未来现金回报，适合采用现金流量折现和EVA的评估方法。因为这两种方法的估算过程最贴近未来经营的资金流量，还可以用并购后的实际经营数据检验各期的估算值，把评估体系加以优化。如果并购的意图主要是为了降低企业的风险，则重置成本法可以作为主要的评估标准。重置成本法会较多地考虑市场价格因素和价格周期波动因素，重视有形资产的价值，而降低风险的战略并购正是为减少和避免行业受市场价格波动的影响。

2. 标的企业的股权结构

股权结构对评估方法的影响主要体现在标的企业为国有企业时。与其他

所有制企业相比，国有企业性质较为特殊，历史原因导致非经营性资产占比较大、企业生产效率低下等情况，在并购过程中尤其要注意国有资产保护的问题。因而当对国有企业进行价值评估时，账面价值法和折现现金流量法结合使用更加合适。

3. 行业的发展程度

行业发展程度如何、行业内可比企业数量多少也会影响价值评估方法的选择。例如，采用市盈率法对企业进行估值要求行业发展较为成熟，行业内与标的企业发展水平类似的企业数量比较多。只有满足这些条件，市盈率法才比较可行。若行业发展滞后或属新兴行业，可比企业很有限，采用这种方法就不合适。

4. 标的企业所处行业的情况

企业所处行业各具特色，对不同行业中的企业评估要采用不同的评估方法以符合该行业的特点。以高科技行业为例，行业中的企业资产中实物资产占比较小，无形资产占比较大，此时若采取成本法则不合时宜。而包括专利、发明等在内的无形资产对高科技企业来说价值巨大，若要体现这部分无形资产对企业价值的影响，采用现金流折现法比较合适。

除以上这些因素之外，宏观经济的发展状况、市场经济体制的完善水平、法律的健全程度等企业的不可控因素都将影响评估方法中各参数的波动。企业在进行战略并购时，还需要考虑这些不可控因素对评估结果的影响，适当地调整评估体系中各评估方法的权重，对评估体系进行优化和修正。

第四章
新三板并购经典案例

2015年1月22日晚，停牌数月的大智慧终于披露重组预案：作价85亿元收编新三板公司湘财证券。这是新三板成立以来最大一单并购重组案。自2014年以来，新三板已经发生了多起并购重组案例。除了湘财证券这种被并购而摘牌的案例外，挂牌公司九鼎投资通过增资方式完成对天源证券的并购重组，让市场看到了新三板作为并购平台的另一面，之前新三板挂牌公司主动并购的案例还没有发生过。本章拟通过对新三板并购案例的详细介绍让读者能够理论联系实践，对新三板并购有一个更清晰的认识。

第一节
大数据业务专注银行业：东方国信并购屹通信息①

一、交易情况简介

2014年7月7日，东方国信与屹通信息全体股东签署了《发行股份及支付现金购买资产协议》，东方国信拟向陈益玲、章祺、何本强、上海屹隆发行股份及支付现金购买其持有的屹通信息100%股份。同时，东方国信拟向不超过5名符合条件的特定投资者发行股份募集配套资金，募集配套资金总额不超过本次交易总额（本次交易对价和本次募集配套资金总额）的25%。发行股份购买资产的股票发行价格初步确定为18.62元/股。

按照标的资产初步商定的交易价格45080万元，扣除现金支付的11270万元交易对价后，以18.62元/股的发行价格计算，东方国信本次拟向交易对方发行股份购买资产的股份数量为18157893股。其中，拟向陈益玲发行9169736股；拟向章祺发行6355263股；拟向何本强发行817105股；拟向上海屹隆发行

① 本节参考《北京东方国信科技股份有限公司拟收购上海屹通信息科技股份有限公司股权项目资产评估报告》。

1815789股。

　　屹通信息承诺2014年、2015年和2016年的净利润分别为人民币3500万元、4550万元和5915万元。

二、交易双方概况

1. 东方国信基本概况

　　（1）公司基本信息。

表4-1　东方国信基本信息

公司名称	北京东方国信科技股份有限公司
公司英文名称	Business-intelligence of Oriental Nations Corporation Ltd.
公司类型	股份有限公司（上市、自然人投资或控股）
注册资本	25962.0984万元
股本总额	25962.0984万元
法定代表人	管连平
成立日期	1997年7月28日
注册地址	北京市朝阳区望京北路9号D座1108
办公场所	北京市朝阳区望京北路9号D座1108
上市地点	深圳证券交易所
股票代码	300166
股票简称	东方国信
企业法人营业执照注册号	110105002496292
邮政编码	100102
电话、传真号码	010-64392089
互联网网址	http://www.bonc.com.cn
经营范围	因特网信息服务业务（除新闻、出版、教育、医疗保健、药品、医疗器械和BBS以外的内容）（电信与信息服务许可证有效期至2017年3月7日）；利用信息网络经营游戏产品（含网络游戏虚拟货币发行）（网络文化经营许可证有效期至2015年7月3日）；第二类增值电信业务中的信息服务业务（不含固定网电话信息服务和互联网信息服务）（增值电信业务许可证有效期至2017年6月15日）；计算机软件硬件、机电一体化产品、计算机系统集成的技术开发、技术咨询、技术服务、技术培训；销售自行开发后产品、电子产品、通信设备；租赁计算机软硬件；企业策划；信息咨询（中介除外）；货物进出口，技术进出口，代理进出口

　　资料来源：全国中小企业股份转让系统

（2）公司主营业务情况。

公司主营业务是提供完整的数据采集、处理、分析、应用相关的产品、服务及解决方案，帮助客户充分利用数据的价值从而获得更高的生产效率和经营效益。东方国信一直致力于大数据技术的研发积累，随着大数据需求的增长，公司推出大数据平台，解决基于大数据的存储、数据集成、数据管控、分析挖掘、应用等一系列问题，支持客户从传统架构向大数据架构演进。公司还提供大数据运营服务，利用从大数据获得的洞察力帮助客户开展业务。

公司业务的所属行业为软件行业中的应用软件服务业。自2011年在深交所创业板上市以来，公司BI业务规模得以快速扩大，经营业绩保持持续增长。公司营业收入由2011年度的17881.83万元增长至2013年度的46816.14万元，复合增长率达到61.80%。归属于母公司股东的净利润由2011年度的5757.06万元增长至2013年度的9023.64万元，复合增长率达到25.20%。为抓住行业发展的良机，公司在坚持内生式增长的同时，也积极通过并购实现外延式增长。

（3）公司财务数据。

表4-2　资产负债表　　　　　　　　　　　　　　　单位（亿元）

项目	2015年9月30日	2014年12月31日
资产总额	21.90	18.17
负债总额	4.76	3.13
所有者权益	17.14	15.04
归属于母公司的所有者权益	17.06	14.98

资料来源：全国中小企业股份转让系统

表4-3　利润表

项目	2015年9月30日	2014年12月31日
营业收入	4.72亿元	6.15亿元
利润总额	9405.90万元	1.47亿元
净利润	8436.26万元	1.35亿元
基本每股收益	0.15元	0.52元

资料来源：全国中小企业股份转让系统

2. 屹通信息基本概况

（1）公司基本信息。

表4-4　屹通信息基本信息

公司名称	上海屹通信息科技股份有限公司
住所	上海市嘉定区安亭镇园区路1218号2幢4175室
公司类型	股份有限公司
注册资本	1000.00万元
法定代表人	陈益玲
成立日期	2004年9月10日
企业法人营业执照	310114001103757
税务登记号码	310114766926341
组织机构代码	76692634-1
经营范围	从事信息产品、电子产品、计算机软硬件、网络工程及设备技术领域内的技术开发、技术服务、技术咨询、技术转让，电子产品、计算机、软硬件及辅助设备（除计算机信息系统安全专用产品）的销售。【企业经营涉及行政许可的，凭许可证件经营】
挂牌地点	全国中小企业股份转让系统
股票代码	430364
企业网址	http://www.yitong.com.cn/

资料来源：全国中小企业股份转让系统

（2）公司主营业务情况。

①主要业务。

屹通信息专注为银行业金融机构提供信息化解决方案及服务，在国内移动互联网金融、金融BI两大细分领域具有较高的品牌知名度和行业地位。公司已经为包括外资银行、股份制银行、城商行、农信系统、金融公司等六十余家金融机构提供成熟的解决方案，是目前为止将移动互联网金融解决方案实施落地产品和案例较多的供应商，是我国金融业信息化领域的专业服务商之一。

在移动互联网金融领域，屹通信息提供以渠道整合、大数据及营销服务体系为中心的，从移动银行到移动支付、移动办公、移动营销、移动作业、移动管理的整套成熟解决方案。屹通信息已将该移动金融大平台方案，在以民生银行为代表的多家银行整体落地上线运行。此外，屹通信息作为银联数据的移动互联网金融战略合作伙伴，双方不仅共同搭建面向全国城商银行的运营平台，促使现有银联数据信用卡托管银行的产品资源彼此共享，而且为商旅通等植入更多创新业务内容，还在新兴的直销银行领域为全国城商银行提供直销银行平台服务。金融 BI 应用解决方案能够为银行建造一个面向数据中心、具有良好安全管理机制、方便检索与存储的集中统一的金融信息管理平台。

②主要产品或服务及其用途。

屹通移动和互联网金融平台v3.0版本，以WEB2.0、3.0技术及智能移动终端、移动互联网技术为基础，为银行提供统一的便捷金融服务平台。该平台在技术上以Ares开发平台及其安全技术为基础，以渠道整合平台及附属支撑和运营应用群为底层后台支持，为银行存量客户及新客户、银行合作商户、银行管理人员及客户经理、理财经理、开发运行维护人员等全体用户提供网银金融、直销金融、支付收单、营销展业和办公管理服务。平台底层以渠道整合平台为基础，整合了银行交易、产品、数据、客户信息和行为、渠道安全、积分、营销和统计分析等基础服务。平台同时提供综合内部管理、调度、监控等管理系统，以及产品仓库、推送平台、营销管理系统、预处理系统、集中处理集中授权系统等一系列支撑附属系统。

a. Internet Banking网络银行体系。

屹通信息网络银行体系产品基于传统及移动互联网平台，以手机银行、微信银行、网上银行、社区银行渠道为产品表现形式，为银行客户、合作商户、合作物业等提供优质的金融产品和支付服务。

• 网上银行。

网上银行作为传统互联网络金融服务的重要金融渠道，能为客户提供多样化、安全的金融服务。

屹通信息网上银行系统为客户提供跨 Windows、Mac、平板电脑等平台，跨IE、Opera、Firefox、Safari等主流浏览器的电子银行服务。同时兼容国际化、多法人和村镇银行的特性，能为银行有效降低实施成本并提升客户体验。在体验设计、营销设计方面，重组了银行交易流程，能够以客户行为和客户自身喜好进行个性化设定。同时该网银系统根据用户登录的介质和安全系数，切换安全等级及其功能参数，为客户提供个人金融、企业金融、小微金融、信用卡以及银企互联、支付结算等服务。

• 手机银行。

主要为面向银行的个人、小微企业、公司客户的移动银行应用。移动客户端基本覆盖各种主流的智能手机平台，如iPhone、iPad、Android、Android Pad、Symbian、BlackBerry、Windows Phone等。

个人版移动银行能够满足个人客户移动金融应用的需求，覆盖传统个人银行业务、理财业务、增值产品、增值业务、移动支付业务等应用。小微企业版移动银行专门面向小微企业，根据小微企业对企业及个人的服务管理需求，同时增加O2O即Online To Offline（线上到线下）、快捷收款及移动收单应用，进一步改善小微企业支付受理环境，提高企业竞争力。小微企业版移动银行目前还处于产品创新阶段，是商业银行业务创新的亮点系统。企业版移动银行面向银行企业客户的移动银行系统，覆盖企业银行业务、公司理财、公司增值业务等应用，并增加在线制单、交易授权、审核等更符合企业财务管理流程的机制，同时保障企业客户资金安全。

• 微信银行。

微信银行是近年来随着移动互联网的发展，利用微信渠道为银行用户提供服务的重要电子渠道产品。微信银行系统借助微信公众平台提供的消息接口，可以与关注微信银行公众号的用户进行文字、图片、语音、视频等多媒体内容交互，用户绑定银行卡后还可以使用账户查询、转账汇款、账单积分查询等业务功能。屹通微信银行系统除了对传统移动金融功能和特性的支持，还充分发挥微信平台本身特点，将产品定位成以社交、营销、主动服务、活动和积分、随身服务等金融服务为主的交互银行。

• 社区银行。

根据银监会已经发布的《中国银监会办公厅关于中小银行设立社区支行、小微支行的通知》277号文件精神，社区银行的大范围推广势在必行。屹通社区银行产品是将支付、收单、信息系统、移动营销系统等进行一系列组合。一类是以移动营销产品为主，在社区银行便利店提供传统金融服务的同时，提供开户、签约、申购、业务咨询办理和预约等非现金业务，很好地解决了银行网点覆盖率不足的问题；另一类是通过社区银行客户端提供的社区生活服务，客户下载社区银行客户端安装到自己的手机或Pad等移动设备上，绑定银行的电子账户，在社区银行平台上通过LBS（Location Based Service 基于位置的服务）在线上浏览社区周边的商业、物业、卫生、医疗保健、餐饮文体等和日常生活息息相关的信息，并通过银行提供的支付渠道，用已绑定的电子银行进行线上支付，获得消费凭证后线下消费。屹通社区银行解决方案一方面为社区客户提供银行传统的金融服务；另一方面提供社区银行个人客户端、商户端等应用，并根据社区银行的用户角色，提供社区个人应用客户端、商户管理后台和商户应用客户端、银行管理后台。

b. Direct Bank直销银行体系。

屹通信息直销银行系统基于最新的移动和互联网金融平台，以互联网（WEB）、手机和平板等移动智能终端、微信为渠道，结合传统电子渠道、线下自助设备，为客户提供以电子账户为基础的、灵活多变金融产品，方便客户在线开户、资金归集管理、转账、理财，以及办理业务和小额支付等。

屹通信息直销银行产品的实施，不仅能突破空间和时间限制，吸引新（他行）客户、吸收存款，还能降低现有银行服务、特色业务的门槛，抵抗互联网企业、银行同业的直销竞争压力并降低经营成本，让利客户，还可以与第三方合作共赢、使客户价值最大化。

c. Mobile Marketing移动营销作业。

移动营销作业应用系统是移动互联网金融平台中非常重要的组成部分，是基于后端支撑平台、数据及营销服务体系的，为银行不同业务条线的管理及销售参与者提供的一整套营销和作业落地解决方案。能够在移动智能终端及3G、4G、WIFI、VPN技术的支持下，通过集成读卡、密码键盘、移动打印等便携外设，结合银行内现有业务系统、协助银行内发展厅堂内营销、从"坐商"到"走商"的服务转型，支撑银行的社区、写字楼、小微商圈、公司企业等场景的金融战略。

屹通信息移动营销作业应用系统包括户外营销作业系统（开卡、签约、业务预约、申办等）、移动信贷系统、移动信用卡作业系统、智能移动厅堂系统、移动私人银行财富系统、移动公司金融系统、移动综合售后管理系统等。

d. Mobile Pay移动支付和收单业务。

•移动增值业务平台。

屹通信息依托银联数据增值业务运营平台，并根据自身多年在移动银行项目实施中积累的丰富经验，逐步形成一套三位一体的增值业务体系，可实现各商业银行快速接入银联数据增值业务平台，同时还能够实现银行已完成的本地代扣、代缴业务的整合，满足使用客户的不同需求。

• 电子钱包系统。

屹通信息作为国内专业的金融银行信息化方案提供商，依托丰富的手机支付系统实施经验，整合不同移动支付模式中PBOC2.0金融IC卡应用以及基于客户端特色应用需求，开发出了一套先进的适合商业银行推广使用的一体化的新一代电子钱包产品，产品在提供符合《中国金融移动支付标准》和《中国金融集成电路（IC）卡规范》要求的同时，还根据各商业银行特点增加如快捷收付款、快捷转账、客户端远程支付应用、无卡取现应用等一系列移动金融应用，为商业银行的个人客户打造了一个面向移动支付和移动生活相结合的专属金融工具。

• 移动支付和收单系统。

移动支付和收单系统，基于移动智能终端、智能POS设备，以二维码、声波、NFC等技术为介质，为银行客户、合作商户提供支付收单服务。该系统为银行、商户提供各项管理端功能，客户手持手机设备通过手机银行或专门客户端进行账户资料管理、支付，商户通过商户版手机客户端或智能POS进行支付收单对接。

e. Mobile Management 移动管理。

• 移动BI（数据查询分析）系统。

屹通信息以移动互联网金融平台、eInformation 金融信息平台为基础，并基于iOS 和Android 等智能终端设备为银行内部办公管理提供移动BI 系统。移动BI 系统可以随时为管理者提供各项经营指标和预警数据，并以图形、Dashboard 仪表盘和文字等形式展示分析数据。

• 移动OA（办公）系统。

屹通信息的移动办公系统运行于 iOS、Android、WinPhone 等智能移动终端，基于移动互联网技术，将银行日常办公、公文流转、电子邮件、通讯录等从PC 终端延伸拓展至智能手机和平板电脑，能够让管理者利用移动设备随时随地、快捷方便地开展各类管理活动和业务活动。移动办公系统可以为商业银行快速构建手机移动办公、移动商务、手机政务等应用，通过移动互联网连接行业组织局域网内各类信息系统及信息资源，能识别各种常见数据库并无缝挂接到这些数据库应用系统之上，无须二次开发或改变原有应用系统，即可在智能手机或PDA（掌上电脑）上实现各类信息的采集、处理、传递、查询分析和决策。

·移动CRM（客户关系管理）系统。

屹通信息的移动CRM系统产品利用现代移动终端技术、移动通信技术、计算机技术等现代科技，使银行工作人员的业务办理摆脱时间和场所局限制，实现在移动中也能够完成通常要在办公室才能够完成的客户关系管理任务，并为收集客户意向和信息、查询商机线索、查询理财投资产品宣传资料、业务辅助申办、理财投资规划和金融试算及其他日常客户管理提供重要支撑。

（3）公司财务数据。

表4-5　公司资产、负债及财务状况（母公司单体口径）　　单位：万元

项目	2012年12月31日	2013年12月31日	2014年5月31日
总资产	2147.80	2617.64	5603.14
负债	952.45	877.55	1993.56
净资产	1195.34	1740.09	3609.58
项目	2012年度	2013年度	2014年1—5月
营业收入	2717.57	4552.98	3991.72
利润总额	195.49	613.78	2177.08
净利润	173.35	544.75	1869.49
审计机构	北京兴华会计师事务所（特殊普通合伙）		

资料来源：全国中小企业股份转让系统

表4-6　公司资产、负债及财务状况（合并口径）　　单位：万元

项目	2012年12月31日	2013年12月31日	2014年5月31日
总资产	2057.68	2828.86	5517.06
负债	776.71	988.65	1725.73
净资产	1280.97	1840.21	3791.33
项目	2012年度	2013年度	2014年1—5月
营业收入	2812.11	4552.98	3991.72
利润总额	249.01	633.59	2258.86
净利润	228.71	559.24	1951.12
审计机构	北京兴华会计师事务所（特殊普通合伙）		

资料来源：全国中小企业股份转让系统

注：屹通信息于2014年7月终止挂牌，故财务数据截至2014年年中。

三、交易背景和目的

1. 本次交易的背景

（1）利用技术优势，拓展大数据行业应用是公司的重要战略方向。

东方国信的主营业务是提供完整的数据采集、处理、分析、应用相关的产品、服务及解决方案，帮助客户充分利用数据的价值从而获得更高的生产效率和经营效益。东方国信推出的大数据平台，解决基于大数据的存储、数据集成、数据管控、分析挖掘、应用等一系列问题，支持客户从传统架构向大数据架构演进。公司还提供大数据运营服务，利用从大数据获得的信息帮助客户开展业务。公司具有为电信运营商提供数据服务的丰富经验，对于理解、把握客户需求，不断提高产品质量带来了巨大帮助，进而能够不断提升公司产品的客户体验。公司在持续增强电信行业大数据应用领域的核心竞争力的基础上，坚定行业推进决心，着眼大市场，深入调研各行业客户的需求，推出符合其他行业需求和特点的大数据产品及解决方案，依托产品、技术、人才、管理、经营模式及品牌积累，积极地向金融、政府、互联网、工业、能源、电力、交通等领域横向推广和发展，不断扩大产业规模和市场范围，提高市场占有率和品牌影响力，打造大数据领域民族品牌，成为中国大数据领域的领导者。

（2）在互联网金融和移动互联网时代，移动金融产品和金融大数据应用前景广阔。

现代科技高速发展，互联网金融这一新生业态以"参与度更高、透明度更强、操作更快捷、中间成本更低"的优势迅速融入金融领域，移动银行、网上支付、网络理财、网上信贷、移动营销等全新概念逐渐被大众广泛接受和认可，并不断影响着传统商业银行的业务模式和管理思维。为应对所面临的前所未有的变革，以银行为代表的金融业，利用互联网技术，推出网上银行、手机银行、移动营销、电子商务平台等多种基于互联网的新型金融服务模式。发展新金融业务对银行未来发展具有战略意义。

①移动金融平台及应用解决方案的市场需求快速增长。

我国移动互联网进入快速发展期，随着智能手机的普及和移动互联网的发展，移动银行继网络银行之后，成为各大银行发展的重点，也越来越受到银行客户的关注。目前国有银行及股份制银行已初步完成手机银行建设，其对手机银行的扩容和新增需求量也相当大，而商业银行的手机银行尚在开始或建设之中，存在很大市场空间。与此同时，为更好利用移动互联网技术支持业务拓展，各银行开始或计划建设移动营销系统，并且在需求、规模和投入预算上要远高于手机银行。技术的进步带来了更智能化的操作和更优秀的用户体验，降低了移动渠道产品价值的传递成本，从而激发出大量的市场需求。移动互联网金融平台和移动金融互联网开放平台，以及搭载在移动终端上的手机银行的移动支付、移动营销等成为银行业（特别是中小银行）今后信息化建设的重点内容。

②金融行业加速布局大数据应用。

随着利率市场化进程的加速以及互联网金融的挑战，长期处于"卖方"市场的金融行业将逐步转变为"买方"市场，由"以产品为中心"向"以客户为中心" 转型已成为银行业金融机构经营思维的改革方向。随着互联网金融的崛起，银行渐渐感受到大数据时代来临所带来的压力，同时也意识到深挖数据所带来竞争力的有效提升，真正"以客户为中心"的创新是需要建立在"大数据"基础之上的创新，商业银行如果要应对挑战，就一定要重新、全面、正确地了解自己的客户。金融大数据将给中国银行带来极大的转变，它将让银行从被动服务客户，转向更加主动的方式。主动地去探索和挖掘，形成营销和分析模型，并直接投入到金融运营当中，使金融大数据真正产生业务价值。在银行大数据应用方面，大数据在加强风险管控、精细化管理、精细化营销、业务创新等业务转型中将起到重要作用。数据的价值在于对交易行为和信息数据的深层挖掘和研究，通过对金融数据进行复杂分析（比如事件关联性分析），做到精准定位和营销，提高客户转化率，开展高附加值的增值业务，进而根据不同客户和市场需求设计不同金融产品，实现差异化竞争。同时，客户的信用数据及行为数据都被引入网络数据模型，并通过交叉检验技术确认客户信息的真实性，提高银行风险控制的能力。因此，银行大数据应用的需求日益凸显，而国内中大型银行目前数据仓库建设还处于初期，股份制银行、城商银行、信用联社等中小银行数据仓库建设才刚刚启动，银行业对大数据应用的信息化投入将进入高峰。

③信息安全重要性日益升级，金融信息化民族软件供应商面临良好的发展前景。

由于银行业信息化建设初期，国内产业与厂商经验不足，产品存在一定欠缺，因此国内大型商业银行使用的基础软件大都采购自国外供应商，这些供应商处于行业的绝对垄断地位，掌握着定价权和行业话语权。长期来看，大型商业银行依赖国外供应商的产品和服务不仅增加了我国商业银行信息科技的投入成本，而且还可能导致核心技术与设备受制于人，不利于国家金融安全和信息安全。为了维护国家信息安全，需要加快推动银行信息系统核心技术和产品国产化。因此，软件国产化成为长期趋势，其最终结果取决于产品的性能及市场接受度，软件国产化是强化信息安全的必要措施，金融信息化及数据处理相关的国产软件开发商将面临良好的发展前景。

（3）并购是公司整合资源、实现快速发展的重要途径。

纵观国内外领先的软件公司，大多是通过不断并购具有技术优势、人才优势、市场优势的相关行业企业迅速发展壮大的。在欧美市场，通过并购实现跨越式发展已成为科技公司发展的常态。Oracle、SAP、Google、Facebook等知名科技企业通过并购实现了自身业绩和规模的快速成长。

东方国信于2011年初在深圳证券交易所创业板成功完成首次公开发行，品牌知名度、资产规模、经营实力和影响力显著提升。上市以来公司在电信行业深耕细作，持续提高产品体验和客户感知，深度挖掘大数据领域市场，在电信行业的市场份额不断扩大，内生动力持续提高，也为在更高的平台上谋求"外延式发展"奠定了坚实基础。同时，公司通过整合行业内具有发展潜力的企业和团队，加快"外延式发展"的步伐。外延式发展能够降低公司在新业务领域的投资风险和成本，提高发展效率，是上市公司现阶段做大做强的有效途径。公司将积极推进外延式发展战略，拓展公司大数据产品及技术在不同行业的应用，不断扩大产业规模和市场范围，提高市场占有率和品牌影响力。2012年，公司收购了北京东华信通信息技术有限公司。通过该次规模较小的并购交易，公司加深了对并购业务的了解，并对收购后的整合积累了一定的经验，为公司大规模并购打下了良好的基础。2013年，公司又收购了北科亿力和科瑞明。通过该收购交易，公司进一步积累了发行股份购买资产以及并购整合的经验，并且使公司大数据相关产品和技术结合非电信行业得到深度应用机会，提升了公司对不同行业客户需求的理解能力、产品设计和开发能力；标的公司的客户资源与东方国信更为全面的技术和更高级别的资质相结合，为客户提供了更为全面的解决方案。随着双方业务的进一步整合，协同效应将进一步发挥，从而进一步提升双方的综合实力。

（4）屹通信息具有较强的技术优势和盈利能力。

屹通信息主要为银行提供专业的移动及互联网金融、金融大数据等系统的解决方案和实施服务，已经为包括外资银行、股份制银行、城商行、农信系统、金融公司等在内的六十余家金融银行机构提供成熟的解决方案。在移动银行领域，屹通信息是我国最早开展手机银行项目的公司之一。其手机银行平台产品符合行业的发展趋势，并以其突出的技术优势、丰富的业务产品确立了其在移动金融领域的领先地位。其移动金融产品大多与银行业金融机构的行内业务紧密结合，是银行移动业务办理的基础平台。

屹通信息在金融大数据及移动互联网细分行业具有较高的品牌知名度和领先的行业地位，是我国金融业信息化领域的专业服务商之一。随着各银行业务的持续发展，产品也需要持续更新升级，客户对产品的黏度较大，业务比较稳定，具有很高的可持续发展性和盈利能力。

2. 本次交易的目的

（1）本次交易是东方国信大数据业务拓展到金融领域的重要布局。

多年来公司在电信行业大型数据仓库设计、数据集成、数据治理、应用构建、数据挖掘等方面已拥有雄厚的技术实力，同时经过多年的积累，公司研发产品及技术的能力已具备参与非电信行业大数据应用项目的实力。让大数据应用落地，其中的关键在于与行业应用的深度融合。本次收购屹通信息是公司拓展金融行业的重要举措，有利于提高公司在金融行业应用和解决方案方面的能力，将会在以下方面对公司金融业务产生积极影响。

进一步完善公司在金融领域的战略布局，培养新的金融行业战略性客户。屹通信息多年来服务于金融行业，尤其在华东区有比较高的市场占有率，在行业中积累了良好的商业口碑。其现有客户资源及业务领域与公司目前的银行客户资源及业务领域互补性强。并购完成后，有利于公司以此为契机，加大金融领域业务布局，拓展更多的战略性银行客户，并进一步增强客户黏性。

屹通信息目前在移动金融解决方案领域处于市场领先地位，屹通信息提供包括移动信息门户、移动银行、移动支付、移动营销和移动管理等全方位整体移动金融解决方案，并能为客户提供更具个性化的产品定制服务。并购完成后，双方将加大新产品研发和市场推广力度，进一步巩固其在移动金融方面的优势。

屹通信息在银行相关大数据方面的业务和客户基础，将为公司在金融领域开拓大数据解决方案提供有力支持。未来通过整合上市公司现有大数据产品和解决方案，屹通信息有能力建立适合银行业的大数据体系平台及应用模型，共同推动适合银行客户的大数据平台体系及应用系统的建设。

（2）发挥双方的协同优势，增强上市公司核心竞争力。

①客户资源方面的协同优势。

屹通信息在金融行业拥有丰富的客户资源和金融系列产品，在业内具有良好的口碑和企业沉淀，但是随着业务量的不断上升，业务人才储备及自身经营管理亟待突破。东方国信多年来服务于国内三大电信运营商，企业信誉良好，资金实力雄厚，自2013年正式开始涉足金融领域，已成功实施多个大型银行项目，研发金融四大业务产品，拥有丰富的金融业务人才储备和职业的管理团队，但进入金融行业较晚、客户资源不够丰富。双方现有的市场资源均能够为对方的市场拓展形成有力的支撑。本次收购，有利于双方利用原有客户资源实现交叉销售，扩大两公司的市场外延，提高两公司主要产品的市场知名度及市场占有率，共享客户资源并形成高度互补。此外，通过本次收购有利于充实屹通信息在大型数据仓库设计、数据集成、数据治理、应用构建、数据挖掘等方面的技术能力，进而深度挖掘标的公司现有客户的需求，提供更丰富的产品，进而通过更加全面和具有竞争力的产品共同开发新的客户，进一步提升上市公司和屹通信息的市场份额。

②产品和技术方面的协同优势。

a. 大数据解决方案。

"大数据"和"移动互联"是金融行业未来十年发展的关键，东方国信和屹通信息的整合也是顺应时代发展的趋势。屹通信息是金融行业移动应用领域的领先企业，随着业务的深入和发展，势必需要大数据的支持，适应未来移动金融业务的发展。东方国信很早就致力于大数据相关产品的研发和实施，已积累了相当丰富的业务和技术经验，同时拥有国内相当专业的大数据技术和大数据研发团队。两者可以在金融行业大数据领域进行有机的互补，以东方国信大数据平台产品、金融BI挖掘产品为基础，结合屹通信息的移动金融产品，联手打造根植于大数据平台的移动金融服务体系。

b. 移动营销产品结合。

东方国信移动营销系列产品在中国联通和中国电信多家客户中成功应用，在国内同类市场占有绝对优势。屹通信息可以借鉴东方国信现有移动营销产品，结合商业银行客户营销业务特点，在原有移动营销产品平台功能基础之上，丰富和完善符合银行业务的移动营销平台解决方案。屹通信息可以借助东方国信强大的技术研发、业务分析能力和实施团队，保证解决方案的快速落地和实施，为自身快速发展提供技术保障。

（3）提升上市公司综合实力和盈利能力。

本次交易完成后，屹通信息100%的股权将注入上市公司，有助于增强公司盈利能力和可持续经营能力，提升公司抗风险能力，为上市公司及全体股东带来良好的回报。

根据交易对方的利润承诺：屹通信息2014年、2015年和2016年经审计的净利润分别为人民币3500万元、4550万元和5915万元。若标的资产盈利承诺顺利实现，本次交易完成后，上市公司的盈利能力将大幅提升，竞争实力显著增强，从根本上符合公司及全体股东的利益。

经过多年的市场培育和拓展，屹通信息凭着其敏锐的市场触觉，强大的研发能力和良好的产品及解决方案在金融行业树立了良好的信誉和市场形象，积累了大量优质客户。本次收购将全面整合双方的优质客户资源、人才资源、产品和技术资源，充分发挥大平台的优势，吸引更多的人才，从而进一步增强双方的竞争力和竞争优势，为两家公司后续在金融行业的共同发展奠定了最坚实的基础，实现一加一大于二的双赢效果。屹通信息盈利能力较强且未来几年内的预期净利润增速较高，本次收购完成后，将与东方国信的经营发展产生协同效应，有助于提高公司资产质量和盈利能力。屹通信息的净资产及经营业绩将纳入上市公司合并报表，从而提高归属于上市公司股东的净资产和净利润规模，增加每股收益，为上市公司全体股东创造更多价值。

四、被收购方评估

1. 评估过程

（1）评估准备阶段。

委托方召集本项目参与各方参加协调会，有关各方就本次评估的目的、评估基准日、评估范围等问题协商，并制订出本次资产评估工作计划。

配合企业进行资产清查、填报资产评估申报明细表等工作。评估项目组人员对委估资产进行详细了解，布置资产评估工作，协助企业进行委估资产申报工作，收集资产评估所需文件资料。

（2）现场评估阶段。

①听取委托方及被评估单位有关人员介绍企业总体情况和委估资产的历史及现状，了解企业的财务制度、经营状况、固定资产技术状态等情况。

②对企业提供的资产清查评估申报明细表进行审核、鉴别，并与企业有关财务记录数据进行核对，对发现的问题协同企业做出调整。

③根据资产清查评估申报明细表，对固定资产进行了全面清查核实，对流动资产中的存货类实物资产进行了抽查盘点。

④查阅收集委估资产的产权证明文件。

⑤根据委估资产的实际状况和特点，确定各类资产的具体评估方法。

⑥对通用设备，主要通过市场调研和查询有关资料，收集价格资料。

⑦对企业提供的权属资料进行查验。

⑧对评估范围内的资产及负债，在清查核实的基础上做出初步评估测算。

（3）评估汇总阶段。

对各类资产评估及负债审核的初步结果进行分析汇总，对评估结果进行必要的调整、修改和完善。

（4）提交报告阶段。

在上述工作基础上，起草资产评估报告，与委托方就评估结果交换意见，在全面考虑有关意见后，按评估机构内部资产评估报告三审制度和程序对报告进行反复修改、校正，最后出具正式资产评估报告。

2. 评估方法

（1）评估方法的选择依据。

资产评估准则规定，企业价值评估可以采用收益法、市场法、资产基础法三种方法。收益法是企业整体资产预期获利能力的量化与现值化，强调的是企业的整体预期盈利能力。市场法是以现实市场上的参照物来评价估值对象的现行公平市场价值，它具有估值数据直接取材于市场、估值结果说服力强的特点。资产基础法是指在合理评估企业各项资产价值和负债的基础上确定评估对象价值的方法。本次评估涉及上市公司资产重组，资产基础法从企业购建角度反映了企业的价值，为经济行为实现后企业的经营管理及考核提供了依据，因此本次并购选择资产基础法进行价值评估。被评估单位主营业务具备相对稳定可靠的市场需求，经营管理团队相对稳定，未来年度预期收益与风险可以合理地估计，故本次评估可以选择收益法进行评估。综上，本次评估确定采用资产基础法和收益法进行评估。

（2）资产基础法介绍。

资产基础法是以在评估基准日重新建造一个与评估对象相同的企业或独立获利实体所需的投资额作为判断整体资产价值的依据，具体是指将构成企业的各种要素资产的评估值相加后减去负债评估值求得企业价值的方法。各类资产及负债的评估方法如下：

①流动资产。

a. 货币资金。

包括现金和银行存款。货币资金的币种全部为人民币，以清查核实后账面值作为评估值。

b. 应收款项。

对应收账款、其他应收款的评估，评估人员在对应收款项核实无误的基础上，借助于历史资料和现在调查了解的情况，具体分析数额、欠款时间和原因、款项回收情况、欠款人资金、信用、经营管理现状等。应收账款采用个别认定的方法评估风险损失，对关联企业的往来款项等有充分理由相信全部能收回的，评估风险损失为零；对有确凿证据表明款项不能收回或账龄超长的，评估风险损失为100%；对很可能收不回部分款项的，且难以确定收不回账款数额的，参考企业会计计算坏账准备的方法，根据账龄分析估计出评估风险损失。按以上标准，确定评估风险损失，以应收类账款合计减去评估风险损失后的金额确定评估值。坏账准备按评估有关规定评估为零。

c. 预付账款。

对预付账款的评估，评估人员在对预付款项核实无误的基础上，借助于历史资料和现在调查了解的情况，具体分析数额、欠款时间和原因、款项回收情况、欠款人资金、信用、经营管理现状等，未发现供货单位有破产、撤销或不能按合同规定按时提供货物等情况的，以调整后账面值作为评估值。

②非流动资产。

a. 长期股权投资。

对于长期股权投资，评估人员首先对长期投资形成的原因、账面值和实际状况进行取证核实，并查阅投资协议、股东会决议、章程和有关会计记录等，以确定长期投资的真实性和完整性。本次评估采用同一评估基准日对被投资单位进行整体评估的方式，以被投资单位整体评估后的净资产确定长期股权投资的评估值，即长期投资评估值等于被投资单位评估后净资产。

b. 固定资产。

根据本次评估目的，按照持续使用原则，以市场价格为依据，结合纳入本次评估范围内设备类资产的特点和收集资料情况，主要采用重置成本法进行评估。

• 重置全价的确定。

根据当地市场信息及《慧聪商情》等近期市场价格资料，并结合具体情况综合确定电子设备价格。同时，按最新增值税政策，扣除可抵扣增值税额。一般生产厂家或销售商提供免费运输及安装，即重置全价等于购置价（不含税）。对于购置时间较早，现市场上无相关型号但能使用的电子设备，参照二手设备市场价格确定其重置全价。

• 成新率的确定。

采用尚可使用年限法或年限法确定其成新率。

成新率=尚可使用年限/（实际已使用年限+尚可使用年限）×100%或成新率

=（1-实际已使用年限/经济使用年限）×100%。

• 评估值的确定。

$$评估值=重置全价 \times 成新率$$

c.无形资产。

· 商标权。

鉴于屹通信息相关产品及服务主要以软件著作权等技术资源为核心，商标作为技术资源的外在表现，主要起标识作用，对被评估单位的业绩贡献并不显著，故采用成本法进行评估。依据商标权这一无形资产形成过程中需投入的各种成本费用的重置价值确认商标权价值，其基本公式为：

$$评估值=设计成本+注册及续延成本+维护使用成本$$

· 软件著作权。

考虑到屹通信息所经营业务与待评估软件著作权之间的关联较为显著，纳入本次评估范围的软件著作权对其主营业务的价值贡献水平较高，相关业务收入在财务中单独核算，且该无形资产的价值贡献能够保持一定的延续性，故采用收益法对纳入本次评估范围的软件著作权进行评估。由于纳入本次评估范围的各项软件著作权在被评估单位移动营销作业应用系统、移动银行产品、移动办公管理系统等移动互联网金融平台的研发成型与实现市场销售等流程中分别发挥作用，本次评估综合考虑与被评估单位主营业务相关的各项软件著作权价值。

d.递延所得税资产。

递延所得税资产核算的是企业已经缴纳，但根据企业会计制度核算需在以后期间转回记入所得税科目的时间性差异的所得税影响金额。主要为应收账款及其他应收款坏账准备计算的所得税。对于递延所得税资产，通过核对明细账与总账、报表余额是否相符，核对与委估明细表是否相符，查阅款项金额、发生时间、业务内容等账务记录，以证实其真实性、完整性，在核实无误的基础上，以清查核实后账面值确定为评估值。

③负债。

检验核实各项负债在评估目的实现后的实际债务人、负债额，以评估目的实现后的产权所有者实际需要承担的负债项目及金额确定评估值。

（3）收益法（现金流折现法）简介。

①概述。

现金流折现法是通过将企业未来预期净现金流量折算为现值，评估企业价值的一种方法。其基本思路是通过估算企业在未来预期的净现金流量和采用适宜的折现率折算成现时价值，得出评估值。其适用的基本条件是：企业具备持续经营的基础和条件，经营与收益之间存有较稳定的对应关系，并且未来收益和风险能够预测及可量化。使用现金流折现法的最大难度在于未来预期现金流的预测，以及数据采集和处理的客观性和可靠性等。当对未来预期现金流的预测较为客观公正、折现率的选取较为合理时，其估值结果具有较好的客观性，易于为市场所接受。

②基本评估思路。

根据本次尽职调查情况以及被评估单位的资产构成和主营业务特点，本次评估是以被评估单位的合并报表口径估算其权益资本价值，基本思路是：

a. 对纳入报表范围的资产和主营业务，按照基准日前后经营状况的变化趋势和业务类型等分别估算预期收益（净现金流量），并折现得到经营性资产的价值。

b. 对纳入报表范围，但在预期收益（净现金流量）估算中未予考虑的诸如基准日存在非日常经营所需货币资金，企业非经营性活动产生的往来款等流动资产（负债）；呆滞或闲置设备等非流动资产（负债），定义其为基准日存在的溢余或非经营性资产（负债），单独测算其价值。

c. 由上述各项资产和负债价值的总和，得出评估对象的企业价值，经扣减付息债务价值后，得出评估对象的所有者权益价值。

③评估模型。

a. 基本模型

本次评估的基本模型为：

$$E=B-D$$

E——评估对象的股东全部权益（净资产）价值；

B——评估对象的企业价值；

D——评估对象的付息债务价值。

$$B=P+C$$

P——评估对象的经营性资产价值；

C——评估对象基准日存在的其他非经营性或溢余性资产（负债）的价值。

$$C=C_1+C_2$$

C_1——基准日流动类溢余或非经营性资产（负债）价值；

C_2——基准日非流动类溢余或非经营性资产（负债）价值。

b. 收益指标

本次评估，使用企业的自由现金流量作为评估对象经营性资产的收益指标，其基本定义为：

$$R=净利润+折旧摊销+扣税后付息债务利息-追加资本$$

根据评估对象的经营历史以及未来市场发展等，预测其未来经营期内的自由现金流量。将未来经营期内的自由现金流量进行折现并加和，测算得到企业的经营性资产价值。

3. 评估假设

（1）一般假设。

①交易假设。

交易假设是假定所有待评估资产已经处在交易的过程中，评估师根据待评估资产的交易条件等模拟市场进行估价。交易假设是资产评估得以进行的一个最基本的前提假设。

②公开市场假设。

公开市场假设，是假定在市场上交易的资产，或拟在市场上交易的资产，资产交易双方彼此地位平等，彼此都有获取足够市场信息的机会和时间，以便于对资产的功能、用途及其交易价格等作出理智的判断。公开市场假设以资产在市场上可以公开买卖为基础。

③资产持续经营假设。

资产持续经营假设是指评估时需根据被评估资产按目前的用途和使用的方式、规模、频度、环境等情况继续使用，或者在有所改变的基础上使用，相应确定评估方法、参数和依据。

（2）特殊假设。

①本次评估假设评估基准日外部经济环境不变，国家现行的宏观经济不发生重大变化。

②企业所处的社会经济环境以及所执行的税赋、税率等政策无重大变化。

③企业未来的经营管理团队尽职，并继续保持现有的经营管理模式。

④企业生产、经营场所的取得及利用方式与评估基准日保持一致而不发

生变化。

⑤评估只基于基准日现有的经营能力。不考虑未来可能由于管理层、经营策略和追加投资等情况导致的经营能力扩大，也不考虑后续可能会发生的生产经营变化。

⑥本次评估的各项资产均以评估基准日的实际存量为前提，有关资产的现行市价以评估基准日的国内有效价格为依据。

⑦本次评估假设被评估单位生产、经营场所的取得及利用方式与评估基准日保持一致而不发生变化。

⑧本次评估假设委托方及被评估单位提供的基础资料和财务资料真实、准确、完整。

⑨评估范围仅以委托方及被评估单位提供的评估申报表为准，未考虑委托方及被评估单位提供清单以外可能存在的或有资产及或有负债；当上述条件发生变化时，评估结果一般会失效。

4. 评估结论

（1）资产基础法评估结论。

采用资产基础法，得出的评估基准日2014年5月31日的评估结论：资产账面值5603.14万元，评估值7845.62万元，评估增值2242.48万元，增值率40.02%。负债账面值1993.56万元，评估值1993.56万元，无评估增减值变化。净资产账面值3609.58万元，评估值5852.06万元，评估增值2242.48万元，增值率62.13%。

（2）收益法（现金流量法）评估结论。

经实施清查核实、实地查勘、市场调查和询证、评定估算等评估程序，采用现金流折现方法对企业股东全部权益价值进行评估。上海屹通信息科技股份有限公司在评估基准日2014年5月31日的归属于母公司所有者权益账面值为3791.33万元，评估值45087.78万元，评估增值41296.45万元，增值率1089.23%。

（3）评估结果分析及最终评估结论。

①评估结果的差异分析。

本次评估采用收益法得出的股东全部权益价值为45087.78万元，比资产基础法测算得出的股东全部权益价值5852.06万元，高39235.72万元，高670.46%。两种评估方法差异的原因主要是：

此次采用资产基础法对上海屹通信息科技股份有限公司评估是以各项资产的成本重置为价值标准，反映的是资产投入（购建成本）所耗费的社会必要劳动，这种购建成本通常将随着国民经济的变化而变化。上海屹通信息科技股份有限公司实物资产主要包括电脑、打印机等办公用设备类资产，资产基础法评估结果与该资产的重置价值，以及截至基准日账面结存的资产与负债价值具有较大关联。

收益法评估是以资产的预期收益为价值标准，反映的是资产的经营能力（获利能力）的大小，这种获利能力通常将受到宏观经济、政府控制以及资产的有效使用等多种条件的影响。由于上海屹通信息科技股份有限公司属于软件与信息技术服务行业，其收入主要来自移动互联网金融平台的研究开发和销售，收益法评估结果不仅与公司账面实物资产存在一定关联，亦能反映公司所具备的技术先进水平、市场开拓能力、客户保有状况、人才集聚效应、行业运作经验等表外因素的价值贡献。

②评估结果的选取。

上海屹通信息科技股份有限公司属于软件与信息技术服务行业，具有较显著的知识及技术密集型特性，其价值不仅体现在评估基准日存量实物资产及可辨认无形资产上，更多体现于评估对象所具备的技术经验、市场地位、客户资源、团队优势等方面。在行业政策及市场趋势支持被评估单位市场需求持续增长的大趋势下，收益法评估结果能够较全面地反映其依托并利用上述资源所形成的整体价值，相对资产基础法而言，能够更加充分、全面地反映评估对象的整体价值。故选用收益法评估结果作为北京东方国信科技股份有限公司收购上海屹通信息科技股份有限公司股权项目确定股东权益价值的参考依据。由此得到上海屹通信息科技股份有限公司股东全部权益在基准日时点的价值为45087.78万元。评估结论未考虑流动性对评估对象价值的影响。

该案例中，并购有利于发挥双方在客户资源、产品和技术方面的协同优势，增强上市公司的核心竞争力，有利于企业做大做强，在市场中占据有利地位。

第二节
创投机构闪电入股：芭田股份并购阿姆斯[①]

一、交易情况简介

芭田股份拟发行股份及支付现金购买阿姆斯100%的股权，并发行股份募集本次交易金额25%的配套资金。根据《发行股份购买资产协议》，标的资产的价格以具有证券期货相关业务资格的评估机构出具的评估报告确定的评估结果为依据，经交易各方友好协商确定。根据中联评估出具的《评估报告》，截至评估基准日，阿姆斯在收益法下的评估价值为13710.72万元，在资产基础法下的评估价值为3936.00万元，评估结论采用收益法评估结果。截至2014年6月30日，经审计的阿姆斯账面净资产为3016.01万元，增值10694.71万元，评估增值率为354.60%。经交易各方协商，标的资产截至评估基准日的作价为13600万元。

评估基准日后，燕航创投向标的资产以现金方式增资600万元，考虑到该部分现金增资对标的资产的影响以及本次交易完成后燕航创投持有公司股份的锁定期为36个月，经交易双方的充分协商，该部分现金增资获得的标的资产股权作价660万元。因此，本次购买的阿姆斯100%的股权作价14260万元，由芭田股份向资产出售方发行23572655股股份及支付800万元现金购买。本次交易，芭田股份将向不超过10名其他特定投资者发行股份募集配套资金，募集资金总额4753.33万元，不超过本次交易总额的25%，其中800万元将用于支付收购阿姆斯现金对价款，剩余募集资金主要用于补充目标公司的运营资金。为保护上市公司利益，阿姆斯法定代表人邓祖科承担业绩补偿责任，对2014年、2015年、2016年和2017年业绩进行承诺。

---

① 本节参考《深圳市芭田生态工程股份有限公司拟发行股份及支付现金购买北京世纪阿姆斯生物技术股份有限公司100%股权项目资产评估报告》。

二、交易双方概况

1. 芭田股份基本概况

（1）公司基本信息。

表4-7　公司基本信息

企业名称	深圳市芭田生态工程股份有限公司
住所	广东省深圳市南山区高新技术园粤兴二道10号7-8楼
法定代表人	黄培钊
成立日期	1996年1月29日
企业性质	股份有限公司（证券代码：002170）
注册号	440301103043436
注册资本	85155.34万元
组织机构代码	19217589-1
税务登记证号码	440300192175891
主要办公地点	广东省深圳市南山区高新技术园粤兴二道10号7-8楼
经营范围	生产、经营多元复合肥和其他肥料（生产执照另发）；化工原料的购销（不含易燃易爆物品）；国内商业、物资供销业（不含专营、专控、专卖商品）；有机肥料的技术开发与研究（不含限制项目）；投资兴办实业（具体项目另行申报）；经营进出口业务（具体按深贸管登证字第2002-159号资格证书经营）；道路货物运输

资料来源：全国中小企业股份转让系统

（2）公司主营业务情况。

芭田股份是一家以复合肥生产经营为主业，集科研开发、生产和销售为一体的高新技术企业。自1996年成立以来，一直以生产复混肥为主营业务。公司生产的"芭田"牌复合肥曾被评为广东省名牌产品、"中国复合肥市场产品质量用户满意农民放心首选第一品牌"，"芭田"商标被认定为中国驰名商标。公司拥有"深圳市生态肥工程技术开发中心"等研发机构，目前已参加完成了国家"863"计划项目两项，国家农业科技成果资金转化项目一项，组织制定了我国"有机－无机复混肥国家标准"。公司拥有行业领先的高塔造粒、低成本缓控释、包膜包裹控释、氨酸及其聚磷酸铵农用生产、纳米增效、中微量元素有机螯合、聚谷氨酸增效、快速腐熟发酵等上百项专利技术。

自2013年以来，生产复合肥产品的主要原材料市场价格持续下行，公司相应调低产品售价。面对市场价格下行，渠道和用户降低持仓的不利局面，公司在加强营销渠道建设、提升用户服务、推动销量的同时，严格控制库存，加快存货周转速度。另一方面，公司生产车间管理引进"公司模利"管控方法，降低产品成本取得成效，在增加产品销量的同时，产品毛利率同比有所提升。芭田产品品牌在复合肥市场有较高的知名度，同时，优化营销渠道服务，通过产品创新、营销策略创新，激发了员工的生产经营积极性，推动了产品成本的降低和费用的下降，使公司效益同比有所提升。最近一年公司产品毛利率和归母公司净利润同比有所提高。

（3）公司财务数据。

表4-8　芭田股份最近三年的合并财务报表主要数据　　　单位：亿元

项目	2015年9月30日	2014年12月31日
资产总额	34.14	31.33
负债总额	15.06	15.32
股东权益	19.08	16.01
归属于母公司所有者权益	18.82	15.74
营业收入	18.80	23.61
利润总额	1.46	2.09
净利润	1.32	1.87

资料来源：全国中小企业股份转让系统

2. 阿姆斯基本概况

（1）公司基本信息。

表4-9　公司基本信息

企业名称	北京世纪阿姆斯生物技术股份有限公司
住所	北京市海淀区天秀路10号北京建设大学办公行政楼3005室
法定代表人	邓祖科
成立日期	1996年11月21日
企业性质	股份有限公司
注册号	110000006209627
注册资本	1746.04万元

（续表）

组织机构代码	600058935
税务登记证号码	京证税字110108600058935
主要办公地点	北京市海淀区天秀路10号北京建设大学办公行政楼F104-F114
经营范围	许可经营项目：以下项目限分支机构经营：生产生物产品、微生物菌剂、复混肥料、水溶肥料、土壤调理剂、生物有机肥、有机肥料。 一般经营项目：开发生物产品、微生物菌剂、复混肥料、水溶肥料、土壤调理剂、生物有机肥、有机肥料；销售自产产品；自产产品的技术咨询
企业网址	www.amms.com.cn

资料来源：全国中小企业股份转让系统

（2）公司主营业务情况。

①主营业务概述。

a. 主营业务发展概述。

阿姆斯是以微生物肥料研发、生产、销售及相关技术服务为主营业务的高新技术企业。目前，标的公司拥有较为先进的菌种发酵设备和肥料生产设备，具有液体、颗粒及粉剂微生物肥料的生产加工能力。其产品系列主要包括：微生物菌剂、生物复混肥、生物有机肥等。

b. 主要产品介绍。

• 微生物菌剂。

微生物菌剂内含多种特殊功能的微生物，能加速各种有机物质（包括农作物秸秆、畜禽粪便、生活垃圾及城市污泥等）分解、腐熟。目前，阿姆斯旗下的该系列产品主要包括秸秆腐熟剂、土壤改良剂和有机物料腐熟剂等。

• 生物复混肥。

生物复混肥由有机质、微生物以及矿物质混合而成，具有化学肥料、有机肥料、生物肥料三种肥力，可以有效改良土壤结构、提高农作物产量、改善农产品品质。目前，该系列产品主要包括复合微生物肥料、小麦生物宝、正能量、沃能十三金、沃田十三金、玉米生物宝、稻田底肥宝、地宝大三元、三力泩等。

• 生物有机肥。

生物有机肥是特定功能微生物与经无害化处理、腐熟的有机物料复合而成的一类兼具微生物肥料效应和有机肥效应的肥料。目前，阿姆斯旗下的该系列产品主要包括生物有机肥、生物配方肥、多维旺等。

②核心技术情况。

微生物肥料是带有活性微生物的肥料。生物肥生产行业的核心技术主要在于两方面：第一是生物菌种的发酵技术，即如何将生物菌种或微生物菌种进行大规模复制生产，并达到工业使用标准；第二是生物肥的生产技术，即如何把菌剂与传统化肥或有机肥进行搭配并量产。阿姆斯拥有的核心技术涵盖了微生物菌种液体发酵技术及配方、固体发酵技术及配方、颗粒生产技术、高浓度菌剂生产技术等。

a. 发酵。

有益微生物发酵工艺是关键技术，也是进入生物肥料领域的技术壁垒之一，主要包括发酵培养基组分、通风量、搅拌、发酵时间及发酵压力等工艺参数。例如选择菌种、如何发酵、发酵的成功率，公司发酵原液活菌数、菌种活性及应用效果居于行业先进水平。

b. 高浓度菌剂的生产技术。

在高浓度菌剂生产方面，公司使用的菌种分别是枯草芽孢杆菌、胶冻样芽孢杆菌、米曲霉、酿酒酵母、嗜热侧孢霉、绿色木霉、光合细菌、乳酸菌和地衣芽孢杆菌。菌种全部购自中国农业微生物菌种保藏管理中心、中国工业微生物菌种保藏管理中心，均符合农业微生物菌种菌剂安全规定。经公司专家、顾问团队及技术人员复壮，通过高盐、高温等条件选择性筛选后得到耐高盐、高温的活性菌株，得到的菌种保存期长、活菌数高、活性强。该类菌种广泛用于复合微生物菌剂、复合微生物肥料、生物有机肥、微生物菌剂、秸秆腐熟剂、餐厨垃圾腐熟剂、饲料添加剂、污水处理菌剂的生产中，产品性能稳定、效果显著。

c. 在颗粒生产技术方面有突出优势。

复合微生物肥料工艺配方要求在添加必要的营养元素的前提条件下保证有益微生物的活性及保质期，将化学肥料的速效和生物肥料的长效有机结合。上述技术均为公司自主研发，技术所有权均归属于标的公司，不存在权属纠纷。

d. 专利技术。

公司对部分容易被复制的核心技术采用申请专利方式予以保护。目前，公司已经获得或正在申请的与核心技术相关的专利有十余项。

③主要经营模式。

a. 采购模式。

• 微生物菌种。

标的公司的微生物菌种均采购自中国农业微生物菌种保藏管理中心、中国工业微生物菌种保藏管理中心。中国农业微生物菌种保藏管理中心挂靠于中国农业科学院农业资源与农业区划研究所管理，是中国国家级农业微生物菌种保藏管理专门机构，负责全国农业微生物菌种资源的收集、鉴定、评价、保藏、供应及国际交流任务。中国工业微生物菌种保藏管理中心挂靠于中国食品发酵工业研究院，是专业从事工业微生物菌种保藏管理的国家级公益性资源机构，负责全国工业领域生产与研究应用微生物菌种的收集、鉴定、保藏与供应。标的公司的菌种来源正规、稳定。微生物菌种采购无准入门槛，成本较低，且标的公司常年采购，与上述机构建立了长期良好的合作关系。

• 微生物菌剂。

微生物菌剂的生产原料主要包括：微生物菌种、沸石粉、细麸、玉米芯粉等。其中，微生物菌种主要从中国农业微生物菌种保藏管理中心购买，其他的原料按照生产需求采购。阿姆斯通常根据上月销售情况、本月政府订单需求及实际库存水平，在每月初召开公司例会，制订本月采购计划，以满足微生物菌剂的生产需求。

• 生物复混肥。

生物复混肥的生产原料主要包括：微生物菌剂、氮肥、磷肥、钾肥、腐殖酸等。阿姆斯设有专职的原材料采购岗位，该岗位人员依据每月生产计划及库存原材料情况，按需采购。目前阿姆斯在多个地区与多家供应商保持稳定合作关系，采购价格在市场价格的基础上拥有一定议价权。由于生物复混肥的成品运输成本较高，不利于产品在全国范围市场进行销售。因此，阿姆斯除自产外，还采取外协加工的方式生产，在这种模式下，主要原材料（如氮、磷、钾肥等）由当地外协工厂进行采购；阿姆斯与外协工厂签订合作协议，向其出售微生物菌剂；外协工厂再向其中添加阿姆斯的微生物菌剂，制成微生物复混肥后将成品以协议价格出售给阿姆斯。因为微生物菌剂的运输成本远远低于复混肥成品，而且外协工厂在当地采购原材料具有一定价格优势，所以采取外协加工的方式可以有效降低阿姆斯的生产成本。

· 生物有机肥。

生物有机肥的生产原料主要包括：微生物菌剂、畜禽粪便、作物秸秆等。其采购模式与生物复混肥的采购模式类似，也同时采用自产及外协加工、成品采购的方式。

b. 生产模式。

· 生物菌剂。

标的公司的所有微生物肥料产品中的微生物来源均为微生物菌剂，其菌剂均为阿姆斯自产。

微生物菌剂的保质期通常较短（通常为6～24个月）、储存条件较为严格（需避免高温、潮湿），标的公司因此采用"按需定产"的生产模式。依据政府部门提供的采购订单，阿姆斯位于北京市平谷区的生产基地对生产计划进行相应调整，适度生产微生物菌剂，以此满足采购订单的要求，并同时保持标的公司较低成品库存水平。

· 生物复混肥。

复混肥的生产采用自产与外协加工两种方式。自产模式下，产品均在阿姆斯的平谷生产基地进行生产。在这种模式中，阿姆斯平谷工厂按需生产微生物菌剂，工艺流程包括菌种活化、扩大繁殖、发酵罐培养等。目前，阿姆斯平谷工厂共有三组发酵罐，负责一级、二级发酵培养，年产量可满足标的公司全年的菌剂需求。外协加工模式下，阿姆斯向外协工厂出售微生物菌剂，外协工厂将微生物菌剂混合到在当地采购的化肥原料中，包装后成为生物复混肥产品，最后将成品出售给阿姆斯。截至本报告书签署日，与阿姆斯合作的外协工厂共有6家，分布在新疆、甘肃、山东等地区，形成较为完善的覆盖全国的生产网络。采用外协加工模式，阿姆斯只用按需采购有关微生物菌剂生产的原料，如微生物菌种、沸石粉、细麸等，除显著降低采购、运输成本外，还可有效规避因采购所带来的潜在风险。

· 生物有机肥。

生物有机肥的生产模式与生物复混肥的生产模式类似，主要采取自产及外协加工的方式进行生产。

c. 销售模式。

· 微生物菌剂。

微生物菌剂主要针对政府采购项目。具体而言，阿姆斯项目部通过积极参与地方政府的投标项目，与各地农业局签订采购合同，提供微生物菌剂和技术服务，收取相关货款。

· 生物复混肥。

生物复混肥采用经销商代理和加盟商直销两种模式。经销商代理模式是把生物复混肥销售给各区域农资经销商，并由经销商通过其销售网络售卖给市场上的消费者，从而满足当地市场对微生物肥料产品的需求。加盟商销售模式是通过重庆、甘肃子公司发展的连锁加盟店，把标的公司生产的生物复混肥直接销售给农业种植户，以此扩大产品的销售数量。在加盟商直销模式中，连锁加盟商需向阿姆斯一次性交纳加盟费，并每年定期向阿姆斯交纳商标使用费。

· 生物有机肥。

标的公司生物有机肥的销售模式与生物复混肥的销售模式类似，采用经销商代理和加盟商直销两种模式。

d. 研发模式。

阿姆斯通过聘请相关专业人员，建立了较为先进的技术部。该部门根据微生物肥料市场发展的需求，进行菌种选配、菌剂发酵和肥料加工的研发、试验工作。此外，阿姆斯与中国科学院微生物研究所、中国农业大学等多家国内研究机构合作，研制开发新型肥料产品，形成较为成熟的研发战略体系。目前，标的公司研发成果较为丰富，已经拥有三项注册发明专利，另有九项专利被国家专利局受理。

（3）公司财务数据，如图4-10、4-11所示。

表4-10　公司资产、负债及财务状况（母公司单体口径）　　　单位：万元

项目	2014年6月30日	2013年12月31日	2012年12月31日
总资产	5955.85	4359.45	3609.97
负债	2939.84	1625.29	1607.46
净资产	3016.01	2734.16	2002.51
项目	2014年度1—6月	2013年度	2012年度
主营业务收入	3000.41	5990.91	4756.24

（续表）

项目	2014年6月30日	2013年12月31日	2012年12月31日
利润总额	340.37	855.82	455.50
净利润	281.85	731.65	385.62
审计机构	大华会计师事务所（特殊普通合伙）		

资料来源：全国中小企业股份转让系统

表4-11 公司资产、负债及财务状况（合并口径） 单位：万元

项目	2014年6月30日	2013年12月31日	2012年12月31日
总资产	5549.96	4399.16	4098.41
负债	2703.67	1804.95	2114.78
净资产	2846.30	2594.21	1983.63
项目	2014年度1—6月	2013年度	2012年度
主营业务收入	3221.50	6355.55	4929.07
利润总额	295.10	733.41	312.35
净利润	252.09	634.24	262.02
审计机构	大华会计师事务所（特殊普通合伙）		

资料来源：全国中小企业股份转让系统

注：阿姆斯于2014年10月终止挂牌，故财务数据截至2014年年中。

三、交易背景和目的

1. 交易背景

（1）科技领先、产品附加值高的复合肥行业厂商是公司发展的长期定位。

芭田股份是一家立足于化肥行业，以"食物链营养专家"为使命的快速发展的高新技术企业，公司的战略目标是通过不断的技术进步和市场拓展满足客户需求，将公司发展成为中国复合肥行业的领先厂商，成为"生态农业"和"智慧农业"的代表企业。公司的产品定位为：把握未来产业趋势，在以复合肥产品为主导的基础上，不断拓展与复合肥产品相关的服务一体化。坚持推广生态高效"植物综合调养品"的产品战略，避免高耗低效和污染环境的产品竞争，大力发展附加值较高的新型产品和农化服务。因此，经过管理层充分讨论，公司根据复合肥行业发展趋势，拟将微生物有机肥系列作为公司未来发展

的产品线之一。

（2）并购是公司外延式发展的首选方式。

为积极推进公司向科技领先、产品价值高端的复合肥行业厂商发展，芭田股份将采取"内生式成长"与"外延式发展"并重的双重举措，不断向目标迈进。公司内生式成长战略主要是通过提高公司管理能力、管理效率、业务水平，提升现有业务人员素质，增强公司竞争力以及不断加强公司研发水平，增加产品科技含量及经济价值。公司外延式发展战略主要是通过并购具有独特业务优势和竞争实力、并能够和公司现有业务产生协同效应的相关公司的方式实现。

目前微生物肥行业上不存在上市公司。受资金规模及充分竞争等因素的影响，尽管国内微生物肥公司规模不大，但存在一些有较强研发实力和经营团队的公司，适合成为公司合作或并购的目标。

（3）微生物肥具有良好的市场前景。

传统化肥是向作物提供可以直接吸收的速效养分，肥效发挥快，但它的成分相对单一，大量施用易使土壤板结，造成土壤肥力下降。微生物肥料是根据植物营养学和生态学原理，采用现代生物发酵工程技术研制开发的一种新型生物肥。该肥施入土壤中可增加土壤有益微生物的数量和活性，改善农作物的营养条件，刺激农作物生长和抑制有害微生物活动，从而使农作物产生增产效果，并可减少化肥用量，起到改善农产品品质，保护和净化土壤环境的作用。因此，可以合理预计，未来微生物肥的需求将稳步上升。

（4）微生物肥产业得到良好的政策支持。

国家及地方政策均支持微生物肥产业的发展。近十年，为构建生态农业的产业战略，我国政府通过行业政策和专项财政拨款，加大对微生物肥料行业的扶持力度，为国内微生物肥料行业发展提供了良好的发展环境。2009年通过的《促进生物产业加快发展的若干政策》中提出引导技术、人才、资金等资源向生物产业集聚，促进生物技术创新与产业化；国家税务总局2008年发布的《关于有机肥产品免征增值税的通知》中约定，自2008年6月1日起，纳税人生产销售和批发、零售有机肥产品免征增值税；科技部2011年颁布的《"十二五"生物技术发展规划》中指出，开展生物农药、生物肥料、绿色植物生长调节剂等绿色农用产品应用的示范试点和普及；农业部2011年出台《农

业科技发展"十二五"规划》，文中的"重大关键技术攻关"中提出开展畜禽
废弃物高效处理利用和有机肥、微生物肥高效安全生产技术研究；2012年印发
的《生物产业发展规划》中明确了要加快生物农药、生物饲料、生物肥料等重
要农用生物制品的产业化；2013年《国务院关于印发国家重大科技基础设施建
设中长期规划（2012—2030年）的通知》指出，适时启动农业微生物研究设施
建设，支撑我国农业生物技术和产业的持续发展及生物多样性保护。上述政策
及配套措施的陆续推出，将为微生物肥料的发展产生积极的推动作用，也为阿
姆斯实现未来业绩增长提供稳定的政策支持。因此，生物肥具有良好的市场前
景，公司拟将微生物肥作为产品拓展的主要领域之一。

2. 交易目的

（1）优化产业结构，布局战略行业。

芭田股份主要从事复合肥的生产与经营，而本次收购的目标公司阿姆斯
主要致力于生产农用微生物菌剂。本次收购完成后，上市公司的核心产品链得
以健全，在微生物肥料方面的研发、生产和销售的业务实力将得到提升。在我
国农业生产中，施用化肥是提高作物单产的重要措施。但是，化肥自身元素单
一以及不合理的使用方法易造成土壤基础地力下降，土壤及水资源污染。因此
需要改善施肥结构，传统化肥和微生物肥料的互补变得越来越重要。随着我国
农业生态环境问题日益突出，微生物肥料凭借提升施肥效益、改善农田土壤地
力、提高作物品质的特性，将成为肥料行业未来发展的重点。本次交易符合国
家产业政策发展方向，是公司实现产业升级、推进外延式发展的重要举措之
一。公司布局微生物肥料细分领域将优化公司产品体系，创造新的利润增长点，
有助于增强市场拓展能力和综合竞争能力，提高抗风险和可持续经营能力。

（2）发挥协同效应，提升上市公司的综合竞争力。

①环节的协同效应。

在生产要素方面，上市公司拥有机械化的化肥生产设备与充裕的场地，
而阿姆斯复混肥与生物有机肥的生产加工主要采用外协方式完成。随着阿姆
斯业务规模的扩大，外协为主的生产模式将在一定程度上制约阿姆斯的快速成
长。交易完成后，阿姆斯能够借助上市公司在复合肥制造方面的生产优势，逐
步将生产工艺后期的混合、搅拌环节转移至上市公司进行。这样不仅可以增加

上市公司的业务量，还可以提高产品品质的稳定性和交货期限的可靠性，降低对外协加工厂的依赖，形成巨大的协同效应。

②主要客户均来自农业生产资料行业，具备交叉销售的潜力。

阿姆斯的销售模式主要是依靠政府采购，其次是直接向经销商与加盟商销售。目前，阿姆斯已经与多地政府单位建立了良好的合作关系。2013年，标的公司建立了ERP管理系统。随着公司营销网络的逐步完善，销售网络已覆盖全国30个省份。在市场销售方面，上市公司与阿姆斯同为肥料制造商，双方目前及未来重点发展的经销区域有一定的重叠，因此双方可以积极整合市场资源，互相利用对方的客户体系，直接接入其现有的销售网络，拓宽销售渠道，实现销售收入的跨越式增长。

③技术资源的协同效应。

公司是国家级高新技术企业，产品研发水平始终处于国内一流。上市公司目前已经建立了良好的"产学研"平台，与中国农业大学等知名大学建立了良好的科研合作关系。标的公司的核心研发团队和经营团队具有将近20年的从业经历，在目前微生物菌剂培养方面具备丰富的经验。通过本次交易，上市公司可获得标的公司优秀的微生物菌剂研发团队，增强公司在微生物肥料方面的研发实力。

（3）拓宽融资渠道，依托资本市场实现跨越式发展。

阿姆斯目前处于业务快速成长期，急需大量的营运资金，资金筹措能力的不足已经成为限制阿姆斯业务发展的主要瓶颈。而芭田股份作为上市公司，具备资金实力雄厚、资金筹措渠道广的优势，本次交易完成后，阿姆斯可以借助芭田股份上市公司的平台，协助阿姆斯募集资金并实现业务的快速扩张。

（4）提升业务规模和盈利水平。

通过本次交易，芭田股份将增加在微生物肥料方面的生产与销售，原有的以传统复合肥为主的产品链条将得以完善。芭田股份将借助阿姆斯迅速进入微生物肥料细分领域，并为下游客户提供包括腐熟剂、微生物肥、生物有机肥等新型肥料。此外，当前传统复合肥市场竞争激烈，产品同质严重且利润逐年走低，而新型肥料比传统复合肥的毛利率高。对于复合肥行业来说，发展新型肥料业务是一个重要契机。本交易完成后，芭田股份无论是在业务规模，还是盈利能力方面均将得到提升。

四、被收购方评估

1. 评估过程

（1）评估准备阶段。

2014年8月20日，委托方召开项目中介协调会，有关各方就本次评估的目的、评估基准日、评估范围等问题进行协商，最后达成一致意见，并制订出本次资产评估工作计划。评估机构配合企业进行资产清查、填报资产评估申报明细表等工作。2014年8月下旬，评估项目组人员对委估资产进行了详细了解，布置资产评估工作，协助企业进行委估资产申报工作，收集资产评估所需文件资料。

（2）现场评估阶段。

项目组现场评估阶段的时间为2014年8月25日至2014年9月20日。主要工作如下。

①听取委托方及被评估单位有关人员介绍企业总体情况和委估资产的历史及现状，了解企业的财务制度、经营状况、固定资产技术状态等情况。

②对企业提供的资产清查评估申报明细表进行审核、鉴别，并与企业有关财务记录数据进行核对，对发现的问题协同企业做出调整。

③根据资产清查评估申报明细表，对固定资产进行了全面清查核实，对流动资产中的存货类实物资产进行了抽查盘点。

④查阅收集委估资产的产权证明文件。

⑤根据委估资产的实际状况和特点，确定各类资产的具体评估方法。

⑥对通用设备，主要通过市场调研和查询有关资料，收集价格资料。

⑦对企业提供的权属资料进行查验。

⑧对评估范围内的资产及负债，在清查核实的基础上做出初步评估测算。

（3）评估汇总阶段。

2014年9月21日至9月30日，对各类资产评估及负债审核的初步结果进行分析汇总，对评估结果进行必要的调整、修改和完善。

（4）提交报告阶段。

在上述工作基础上，起草资产评估报告，与委托方就评估结果交换意见，在全面考虑有关意见后，按评估机构内部资产评估报告三审制度和程序对报告进行反复修改、校正，最后出具正式资产评估报告。

2. 评估方法

（1）评估方法的选择。

依据资产评估准则的规定，企业价值评估可以采用收益法、市场法、资产基础法三种方法。收益法是企业整体资产预期获利能力的量化与现值化，强调的是企业的整体预期盈利能力。市场法是以现实市场上的参照物来评价估值对象的现行公平市场价值，它具有估值数据直接取材于市场、估值结果说服力强的特点。资产基础法是指在合理评估企业各项资产价值和负债的基础上确定评估对象价值的思路。本次评估涉及上市公司资产重组，资产基础法从企业购建角度反映了企业的价值，为经济行为实现后企业的经营管理及考核提供了依据，因此本次评估选择了资产基础法进行评估。被评估企业具备相对稳定可靠的市场需求，未来年度预期收益与风险可以合理地估计，故本次评估可以选择收益法进行评估。综上，本次评估确定采用资产基础法和收益法进行评估。

（2）资产基础法。

资产基础法是以在评估基准日重新建造一个与评估对象相同的企业或独立获利实体所需的投资额作为判断整体资产价值的依据，具体是指将构成企业的各种要素资产的评估值加和减去负债评估值求得企业价值的方法。各类资产及负债的评估方法如下。

①流动资产。

a. 货币资金。

包括现金和银行存款。对于币种为人民币的货币资金，以清查核实后账面值为评估值。

b. 应收类账款。

对于应收账款和其他应收款，评估人员在对应收款项核实无误的基础上，借助于历史资料和现在调查了解的情况，具体分析数额、欠款时间和原因、款项回收情况、欠款人资金、信用、经营管理现状等。应收账款采用个别认定的方法估计评估风险损失。对关联企业的往来款项等有充分理由相信全部能收回的，评估风险损失为零；对有确凿证据表明款项不能收回或账龄超长的，评估风险损失为100%；对很可能收不回部分款项的，且难以确定收不回账款数额的，参考企业会计计算坏账准备的方法，根据账龄分析估计出评估风险损失。按以上标准，确定评估风险损失，以应收类账款合计减去评估风险损失后的金额确定评估值。坏账准备按评估有关规定评估为零。

c. 预付账款。

对于预付账款，评估人员在对预付款项核实无误的基础上，查阅相关材料采购单、采购计划、物品询价审批单等资料，了解评估基准日至评估现场作业日期间已接受的服务和收到的货物情况及历史采购状况等，未发现供货单位有破产、撤销或不能按合同规定按时提供货物或劳务等情况，以核实后账面值作为评估值。

d. 存货。

被评估单位的存货为原材料、在库周转材料、委托加工物资、产成品、在产品和发出商品。各类存货具体评估方法如下。

• 原材料。

原材料账面值由购买价和合理费用构成，由于大部分原材料周转相对较快，账面单价接近基准日市场价格，以实际数量乘以账面单价确定评估值。

• 在库周转材料。

在库周转材料系辅助企业生产而准备的一些可以周转使用的材料、辅料等，均为近期采购，在清查核实的基础上，以清查调整后的账面值确定评估值。

• 委托加工物资。

委托加工物资为阿姆斯委托嘉峪关宏丰实业有限责任公司加工的包装袋、合格证和叶面肥等，评估人员核实账面值包括材料采购成本及支付加工的成本。因其发生日期与基准日相近，且账面价值构成合理，因此以核实后账面值确定评估值。

• 产成品（库存商品）。

产成品主要为被评估企业生产的各种肥料和腐熟剂，均为正常销售的产品。评估人员依据调查情况和企业提供的资料分析，对于产成品以不含税销售价格减去销售费用、全部税金和一定的产品销售利润后确定评估值。

评估价值=实际数量×不含税售价×（1-产品销售税金及附加费率-销售费用率-营业利润率×所得税率-营业利润率×（1-所得税率）×r）

不含税售价是按照评估基准日前后的市场价格确定的；

产品销售税金及附加费率主要包括以增值税为税基计算交纳的城市建设税与教育附加；

销售费用率是按各项销售及管理费用与销售收入的比例平均计算；

$$营业利润率=主营业务利润÷营业收入，$$

$$主营业利润=营业收入-营业成本-营业税金及附加-销售费用$$

所得税率按企业实际执行的税率；

r为利润实现风险折扣率，由于产成品未来的销售存在一定的市场风险，具有一定的不确定性，根据基准日调查情况及基准日后实现销售的情况确定其风险。其中r对于畅销产品为0，一般销售产品为50%，勉强可销售的产品为100%。

- 在产品。

在产品为各种肥料生产领用的停留在各工序中的原材料、包装物等，这部分在产品的账面价值基本反映了该资产的现行价值，故在产品按核实后的账面值计算评估值。

- 发出商品。

发出商品为企业已经发出，但尚未实现收入的产品。评估人员查阅了产品出入库单、供货协议等资料，核实结果账表单相符，评估方法同库存商品评估方法。

②非流动资产。

a. 长期股权投资。

对于长期股权投资，首先对长期投资形成的原因、账面值和实际状况进行取证核实，并查阅投资协议、股东会决议、章程和有关会计记录等，以确定长期投资的真实性和完整性，确认三项长期股权投资为控股或全资子公司。鉴于本次收益法评估采用合并口径对母子公司进行整体评估，未单独对全资子公司进行收益法评估，本次评估对被投资单位的整体资产仅采用资产基础法进行评估。以被投资单位整体评估后的净资产乘以持股比例确定长期股权投资的评估值，即：

$$长期投资评估值=被投资单位评估后净资产×持股比例。$$

对于被投资单位评估后的资产为负值的，评估值确定为0。

b. 设备类资产。

根据本次评估目的，按照持续使用原则，以市场价格为依据，结合委估设备的特点和收集资料情况，主要采用重置成本法进行评估。即：

$$评估值=重置全价×成新率。$$

- 机器设备重置全价的确定。

机器设备重置全价由设备购置费、运杂费、安装工程费、其他费用和资金成本等部分组成。重置全价计算公式：

$$重置全价=设备购置费+运杂费+安装工程费+其他费用+资金成本$$

购置价：主要通过向生产厂家或贸易公司询价、参照《2014机电产品报价手册》等价格资料，以及参考近期同类设备的合同价格确定；对少数未能查询到购置价的设备，采用同年代、同类别设备的价格变动率推算确定购置价。由于被评估单位免征增值税，故其设备购置价按含税价计取。

运杂费：以含税购置价为基础，根据生产厂家与设备所在地的距离不同，按不同运杂费率计取。对于购置价中包含运输费用的不再计取运杂费。

安装调试费：根据设备的特点、重量、安装难易程度，以含税购置价为基础，按不同安装费率计取。对小型、无须安装的设备，不考虑安装调试费。

工程建设其他费用：包括建设单位管理费、勘察设计费、工程监理费、招投标管理费及环评费等，依据该设备所在地建设工程其他费用标准，结合本身设备特点进行计算。

资金成本：根据各类设备不同，按此次评估基准日贷款利率，资金成本按均匀投入计取。

$$资金成本=（含税购置价格+含税运杂费+安装调试费+其他费用）×贷款利率$$
$$×建设工期×1/2$$

- 运输车辆重置全价的确定。

根据车辆市场信息及网上查询等近期车辆市场价格资料，确定本评估基准日的运输车辆价格。在此基础上，根据《中华人民共和国车辆购置税暂行条例》及相关文件，计入车辆购置税、新车上户牌照手续费等，确定其重置全价。

$$重置全价=现行含税购置价+车辆购置税+新车上户牌照手续费$$

车辆购置价：参照车辆所在地同类车型最新交易的市场价格确定；参照车辆所在地同类车型最新交易的市场价格确定；对购置时间较长，现在不能查到原型号规格的车辆购置价格的车辆参考相类似、同排量车辆价格作为评估车辆购置价。

车辆购置税：根据2001年国务院第294号令《中华人民共和国车辆购置税暂行条例》的有关规定：车辆购置税应纳税额＝计税价格×10%。该"纳税人购买自用车辆的计税价格应不包括增值税税款"。故：

购置附加税＝购置价÷（1+17%）×10%。

车上户牌照手续费等根据北京市该类费用的内容及金额确定。

· 电子设备重置全价的确定。

根据当地市场信息及《慧聪商情》等近期市场价格资料，并结合具体情况综合确定电子设备价格。对于购置时间较早，现在市场上无相关型号但能使用的电子设备，参照二手设备市场价格确定其重置全价。

· 成新率的确定。

机器设备成新率：在本次评估过程中，按照设备的经济使用年限、实际已使用年限和根据现场勘察情况预测的设备尚可使用年限，并进而计算其成新率。计算公式如下：

成新率＝尚可使用年限/（实际已使用年限+尚可使用年限）×100%

对价值量较小的一般设备采用年限法确定其成新率。即：

成新率＝（1-已使用年限÷经济使用年限）×100%

车辆成新率：根据国经贸经〔1997〕456号文《关于发布〈汽车报废标准〉的通知》及2000年12月18日国经贸资源〔2000〕1202号《关于调整汽车报废标准若干规定的通知》的有关规定，按以下方法确定成新率后，取其较小者为最终成新率，即：

使用年限成新率＝（1-已使用年限/规定使用年限）×100%

行驶里程成新率＝（1-已行驶里程/规定行驶里程）×100%

成新率＝Min（使用年限成新率，行驶里程成新率）

同时对待估车辆进行必要的勘察鉴定，若勘察鉴定结果与按上述方法确定的成新率相差较大，则进行适当的调整；若两者结果相当，则不进行调整。即：

成新率＝Min（使用年限成新率，行驶里程成新率）+车辆特殊情况调整系数。

子设备成新率：采用年限法确定其成新率。

成新率＝（1-尚可使用年限/经济使用年限）×100%

③在建工程。

在建工程主要为被评估企业在位于北京市平谷区的自购土地上新建的厂房及附属设施建设项目。在建工程按核实后的账面值作为评估值。

④无形资产。

a. 土地使用权。

土地使用权为被评估企业在无形资产明细中核算的企业所拥有的土地使用权价值。本次采用市场比较法进行评估。市场比较法是指根据市场中的替代原理，将待估宗地与具有替代性且在估价基准日近期市场上交易的类似地产进行比较，并对类似地产的成交价格作适当修正，以此估算待估宗地价格的方法。

b. 其他无形资产。

• 商标权。

企业目前的产品已在市场形成一定的规模和市场效应，产品定价受商标影响较小，其商标主要为防止其他单位或个人侵权而进行的防御型注册，商标不能给产品销售带来明显贡献，此种情况采用成本法评估是比较合适的选择。依据商标权无形资产形成过程中所需投入的各种成本费用的重置价值确认商标权价值，其基本公式如下：

评估值=设计成本+注册及续延成本+维护使用成本

• 专利及软件著作权。

考虑到被评估企业所经营业务与待评估专利、软件著作权及软件产品之间的关联较为显著，纳入本次评估范围的专利、软件著作权及软件产品对其主营业务的价值贡献水平较高，相关业务收入在财务中单独核算，且该等无形资产的价值贡献能够保持一定的延续性，故采用收益法对纳入本次评估范围的专利、软件著作权及软件产品进行评估。采用利润分成法能较合理地测算被评估企业专利及软件著作权等无形资产的价值。

⑤长期待摊费用。

对长期待摊费用，在核实支出和摊销政策的基础上，以评估目的实现后的资产占有者还存在的，且与其他评估对象没有重复的资产和权利的价值确定评估值。

⑥递延所得税资产。

对递延所得税资产的评估，核对明细账与总账、报表余额是否相符，核对与委估明细表是否相符，查阅款项金额、发生时间、业务内容等账务记录，以证实递延所得税资产的真实性、完整性。在核实无误的基础上，以清查核实后账面值确定为评估值。

（3）收益法（现金流折现法）。

①概述。

现金流折现法是通过将企业未来预期净现金流量折算为现值，评估企业价值的一种方法。其基本思路是通过估算企业在未来预期的净现金流量和采用适宜的折现率折算成现时价值，得出评估值。其适用的基本条件是：企业具备持续经营的基础和条件，经营与收益之间存有较稳定的对应关系，并且未来收益和风险能够预测及可量化。使用现金流折现法的最大难度在于未来预期现金流的预测，以及数据采集和处理的客观性和可靠性等。当对未来预期现金流的预测较为客观公正、折现率的选取较为合理时，其估值结果具有较好的客观性，易于为市场所接受。

②基本评估思路。

根据本次尽职调查情况以及评估对象的资产构成和主营业务特点，本次评估是以评估对象的合并报表口径估算其权益资本价值，本次评估的基本评估思路是：

a. 对纳入报表范围的资产和主营业务，按照基准日前后经营状况的变化趋势和业务类型等分别估算预期收益（净现金流量），并折现得到经营性资产的价值；

b. 对纳入报表范围，但在预期收益（净现金流量）估算中未予考虑的，诸如基准日存在应付利息等定义其为基准日存在的溢余或非经营性资产（负债），单独测算其价值；

c. 由上述各项资产和负债价值加和，得出评估对象的企业价值，经扣减付息债务价值和少数股东权益价值后，得出评估对象的所有者权益价值。

③评估模型。

a. 基本模型。

本次评估的基本模型为：

$$E=B-D-M$$

其中：E 为评估对象的归属于母公司所有者权益价值；B 为评估对象的企业价值；

D为评估对象付息债务价值；M为评估对象的少数股东权益价值。

b. 收益指标。

本次评估，使用企业的自由现金流量作为评估对象经营性资产的收益指标，其基本定义为：

$$R=净利润+折旧摊销+扣税后付息债务利息-追加资本$$

根据评估对象的经营历史以及未来市场发展等，预测其未来经营期内的自由现金流量。将未来经营期内的自由现金流量进行折现并加和，测算得到企业的经营性资产价值。

c. 折现率。

本次评估采用资本资产加权平均成本模型（WACC）确定折现率r。即：
$r=rd\times wd+re\times we$
其中：rd为债务成本，wd为债务占融资总额的百分比，re为股本成本，we为股本占融资总额的百分比。

3. 评估假设

（1）一般假设。

①交易假设。

交易假设是假定所有待评估资产已经处在交易的过程中，评估师根据待评估资产的交易条件等模拟市场进行估价。交易假设是资产评估得以进行的一个最基本的前提假设。

②公开市场假设。

公开市场假设是假定在市场上交易的资产，或拟在市场上交易的资产，资产交易双方彼此地位平等，彼此都有获取足够市场信息的机会和时间，以便于对资产的功能、用途及其交易价格等作出理智的判断。公开市场假设以资产在市场上可以公开买卖为基础。

③资产持续经营假设。

资产持续经营假设是指评估时需根据被评估资产按目前的用途和使用的方式、规模、频度、环境等情况继续使用，或者在有所改变的基础上使用，相应确定评估方法、参数和依据。

（2）特殊假设。

①国家现行的宏观经济、金融以及产业等政策不发生重大变化。

②评估对象在未来经营期内所处的社会经济环境以及所执行的税赋、税率等政策无重大变化。

③评估对象在未来经营期内的管理层尽职，并继续保持原有的经营管理模式持续经营。

④评估对象经营场所的取得及利用方式与评估基准日保持一致而不发生变化。

⑤被评估企业现有委托加工的生产模式稳定，可以满足后续业绩增长对产能的需求。

⑥评估对象在未来预测期内的资产构成、主营业务的结构、收入与成本的构成以及销售策略和成本控制等仍保持其基准日前后的状态持续，而不发生较大变化。不考虑未来可能由于管理层、经营策略以及商业环境等变化导致的资产构成以及主营业务、业务结构等状况的变化所带来的损益。

⑦在未来的经营期内，评估对象的各项期间费用不会在现有基础上发生大幅的变化，仍将保持其最近几年的变化趋势持续。鉴于企业的货币资金或其银行存款等在经营过程中频繁变化或变化较大，本报告的财务费用评估时不考虑其存款产生的利息收入，也不考虑汇兑损益等不确定性损益。

⑧在未来的经营期内，在高新技术企业认定标准和政策不发生重大变化的前提下，企业能够持续获得高新技术企业资格，享受相关税收优惠。

当上述条件发生变化时，评估结果一般会失效。

4. 评估结论

根据国家有关资产评估的法律、法规、规章和评估准则，本着独立、公正、科学、客观的原则，履行了资产评估法定的和必要的程序，采用公认的评估方法，对纳入评估范围的资产实施了实地勘察、市场调查、询证和评估计算，得出如下结论。

（1）资产基础法评估结论。

资产账面值5955.85万元，评估值6875.84万元，评估增值919.99万元，增值率15.45%。负债账面值2939.84万元，评估值2939.84万元，无评估增减值变化。净资产账面值3016.01万元，评估值3936.00万元，评估增值919.99万元，增值率30.50%。

（2）收益法评估结论。

采用现金流折现法对企业股东全部权益价值进行评估。北京世纪阿姆斯生物技术股份有限公司在评估基准日2014年6月30日母公司口径所有者权益账面值为3016.01万元，评估值为13710.72万元，评估增值10694.71万元，增值率354.60%。

（3）评估结果分析及最终评估结论。

①评估结果的差异分析。

本次评估采用收益法得出的股东全部权益价值13710.72万元，比资产基础法测算得出的股东全部权益价值3936.00万元，高9774.72万元，高248.34%。两种评估方法差异的原因主要是：

资产基础法评估是以资产的成本重置为价值标准，反映的是资产投入（购建成本）所耗费的社会必要劳动，这种购建成本通常将随着国民经济的变化而变化；

收益法评估是以资产的预期收益为价值标准，反映的是资产的经营能力（获利能力）的大小，这种获利能力通常将受到宏观经济、行业政策以及资产的有效使用等多种条件的影响。

②评估结果的选取。

北京世纪阿姆斯生物技术股份有限公司作为国内专业的微生物肥料产品研发、生产、销售及提供相关技术服务的高新技术企业，具有较显著的技术密集型特性，其价值不仅体现在评估基准日存量实物资产上，更多体现于被评估企业所具备的技术经验、市场地位、客户资源、团队优势等方面。在行业政策及市场趋势支持，被评估单位市场需求持续增长的大趋势下，收益法评估结果能够较全面地反映其依托并利用上述资源所形成的整体价值，相对资产基础法而言，能够更加充分、全面地反映被评估企业的整体价值。故选用收益法评估结果作为深圳市芭田生态工程股份有限公司拟发行股份及支付现金购买北京世纪阿姆斯生物技术股份有限公司100%股权之经济行为的价值参考依据。

由此得到被评估企业股东全部权益在基准日时点的价值为13710.72万元。

本案例中，并购有利于产业结构优化，提升盈利水平。双方在技术上实现了互补，加速企业发展。

第三节
强强联合打造平安城市：欧比特并购铂亚信息[①]

一、交易情况简介

2014年10月21日欧比特发布公告，公司拟以17.43元/股的价格，用发行股份及支付现金相结合的方式，以5.25亿元收购铂亚信息100%股权，其中现金对价部分1.575亿元（占总价的30%），剩余70%交易对价以公司发行2108万股股票支付。同时公司拟向颜军、李小明、顾亚红等5名自然人发行1004万股股份，募集资金1.75亿元，用于支付本次重组交易中现金对价的1.575亿元及中介机构费用，以及补充公司营运资金。

以2014年8月31日为评估基准日，铂亚信息100%股权的评估值为5.28亿元，增值率为117.05%。2012年、2013年和2014年前8个月分别实现营收1.11亿元、1.47亿元和8820.95万元；分别实现净利润1987.11万元、2950.20万元和708.55万元。

二、交易双方概况

1. 欧比特基本概况

（1）公司基本信息。

表4-12　公司基本信息

公司名称	珠海欧比特控制工程股份有限公司
英文名称	Zhuhai Orbita Control Engineering Co.,Ltd.
曾用名	欧比特（珠海）软件工程有限公司
股票简称	欧比特
股票代码	300053

① 本节参考《珠海欧比特控制工程股份有限公司拟发行股份及支付现金购买资产并募集配套资金所涉及的广东铂亚信息技术股份有限公司股东全部权益价值评估报告》。

（续表）

股票上市地	深圳证券交易所
成立日期	2000年3月20日
首次注册时间	2000年3月20日
注册资本	人民币200000000元
法定代表人	颜军
注册地址	珠海市唐家东岸白沙路1号欧比特科技园
办公地址	珠海市唐家东岸白沙路1号欧比特科技园
邮政编码	519080
电话号码	0756-3391979
传真号码	0756-3391980
营业执照注册号	440400400002663
税务登记证号	440401721169041
组织机构代码	72116904-1
经营范围	集成电路及计算机软硬件产品的研发、生产、测试、销售和技术服务

资料来源：全国中小企业股份转让系统

（2）公司主营业务情况。

欧比特的经营范围包括集成电路及计算机软硬件产品的研发、生产、测试、销售和技术服务。

欧比特是国内具有自主知识产权的嵌入式SoC芯片及系统集成供应商，主要从事如下业务：高可靠嵌入式SoC芯片类产品的研发、生产和销售；系统集成类产品的研发、生产和销售；产品代理及其他。

欧比特的主要产品为：嵌入式SoC芯片类产品，包括嵌入式SoC芯片、总线控制器芯片及相应的应用开发系统等；系统集成类产品，包括嵌入式总线控制模块（EMBC）、嵌入式智能控制平台（EIPC）及由EMBC、EIPC作为技术平台支撑的系统集成产品。本公司产品主要应用于航空航天、工业控制等领域。

欧比特作为基于SPARC架构的SoC芯片的行业技术引导者和标准倡导者，是我国首家成功研制出基于SPARC架构的SoC芯片的企业，并于2003年推出了SPARC架构的基础芯片S698，其技术达到国际先进水平。在国家相关部门的支持下，公司引导我国卫星、火箭、飞机等嵌入式实时控制领域逐步转向应用SPARC架构的嵌入式处理器和SoC芯片，积极参与我国"核高基"重大科研项目的研制，增强我国核心技术的储备，努力实现相关核心器件的国产化。

（3）公司财务数据。

表4-13　资产负债表主要数据　　　　　　　　单位：亿元

项目	2015年9月30日	2014年12月31日
资产总计	14.93	7.51
负债合计	2.65	0.86
归属母公司所有者权益	12.19	6.57

资料来源：全国中小企业股份转让系统

表4-14　利润表主要数据　　　　　　　　　单位：亿元

项目	2015年9月30日	2014年12月31日
营业收入	2.29	1.77
营业利润	0.37	0.29
利润总额	0.44	0.30
基本每股收益（元/股）	0.16	0.12

资料来源：全国中小企业股份转让系统

表4-15　现金流量表主要数据

项目	2015年9月30日	2014年12月31日
经营活动产生的现金流量净额	21.19万元	3574.64万元
投资活动产生的现金流量净额	−1.66亿元	−8705.95万元
筹资活动产生的现金流量净额	1.02亿元	3619.03万元
现金及现金等价物净增加	−6350.05万元	−1568.37万元

资料来源：全国中小企业股份转让系统

2. 铂亚信息基本概况

（1）公司基本信息。

表4-16　公司基本信息

公司名称	广东铂亚信息技术股份有限公司
设立日期	1999年8月20日
注册资本	5000万元
实收资本	5000万元
法定代表人	李小明
公司类型	股份有限公司

（续表）

营业执照注册号	440106000334339
税务登记证编号	440106716387394
住所	广州市番禺区番禺大道北555号番禺节能科技园内天安总部中心2号楼1201房
经营范围	软件开发；信息系统集成服务；信息技术咨询服务；数据处理和存储服务；计算机批发；计算机零配件批发；软件批发；安全技术防范产品批发；通信设备及配套设备批发；通讯终端设备批发；软件测试服务；网络技术的研究、开发；计算机技术开发、技术服务

资料来源：全国中小企业股份转让系统

（2）公司主营业务情况。

①主要经营模式。

铂亚信息立足于安防行业，拥有人脸识别、智能视频分析、数字图像处理分析、计算机视觉分析、行为模式识别等技术。在上述技术应用过程中，经过探索实践，公司形成了体系化的安防解决方案、系统集成解决方案服务模式。公司主要围绕人脸识别和智能视频分析两大核心技术开发产品和提供服务，主要产品和服务包括人脸库系统、人脸识别门禁系统、人脸识别实时布控系统等解决方案，以及为客户提供业务咨询、方案设计、方案实施、后期维护一站式服务。此外，公司还向在安防、系统集成领域积累的原有客户以及其他客户销售IT设备等商品。公司主要客户包括公安、司法、市政、教育部门，医院及其他企事业单位等，其中包括广东省公安厅、广西壮族自治区公安厅、中国烟草总公司广东省公司等。

公司通过主动营销和参加招投标等方式获得合同，然后针对客户的个性化需求，通过完善的业务流程，为客户提供差异化的安防解决方案和系统集成解决方案，以及向客户销售IT设备等商品来获得收入、利润和现金流。公司人脸识别业务基于人脸识别核心技术，该技术难度大，竞争对手难以模仿，且公司所处人脸识别业务领域进入壁垒高，公司具有较强的定价能力，具有高于同行业的利润率。

②行业竞争情况。

铂亚信息业务主要由安防业务（含人脸识别、智能安防）和系统集成等组成。人脸识别业务方面，掌握关键技术的公司数量较少，竞争相对不充分。我国公安系统正在全国推行人脸识别数据库，在公安部门已建成的省级人脸识别数据库中，铂亚信息市场占有率约为50%，具有突出的市场地位，远远领先于其他竞争对手。由于目前人脸识别行业尚处于基础数据库（省级）的建设阶段，市场规模还相对较小。但随着省级人脸识别数据库建设的完成，铂亚信息业务将有纵向和横向两方面延伸的空间：纵向来看，相应省份所辖地、市、州将配套建设地、市、州级人脸识别子数据库；横向来看，公安各警种，包括刑侦、治安、户籍、出入境、交通管理等还将依托数据库开发其具体应用系统。除此以外，还将配套相应手持设备。由于标的公司在省级人脸识别数据库市场上占有率高，出于技术体系、参数设置、效率优化等考虑，在相应省份的横向、纵向业务开拓中，具有较强的先发优势。因此，可以预见，铂亚信息将在未来数年保持人脸识别领域的行业优势地位，相关业务收入规模、占比将持续增长。

智能安防业务方面，市场成熟，容量巨大，但具备相应安防资质的系统集成公司均可参与，竞争较激烈。铂亚信息由于在人脸识别领域技术实力强劲、行业地位突出，在争取智能安防项目时具有一定优势，但由于行业竞争的原因，其智能安防项目通常按行业平均毛利率水平定价。同时，智能安防项目还受资金实力、企业规模等因素限制，铂亚信息也只能参与与其自身资金实力、企业规模相应的项目。系统集成业务方面，市场规模大，参与企业众多，行业竞争充分，行业平均毛利率水平低于安防类业务，更远低于人脸识别业务。

③主要生产技术情况。

a. 人脸识别技术。

人脸识别技术是指通过运用计算机和人脸识别算法技术对人的脸部特征信息进行分析判断，以识别身份的一种生物特征识别技术。该技术基于人的脸部特征，对输入的图像或者视频流，首先判断其是否存在人脸，如果存在人脸，则进一步给出每张脸的位置、大小和各个主要脸部器官的位置信息；依据这些信息，提取每张人脸中所蕴含的身份特征，并将其与已知的人脸进行对比，从而识别每个人的身份。

人脸识别技术应用包括构建人脸识别系统的一系列相关应用，包括人脸图像采集、人脸定位、人脸识别预处理、身份确认以及身份查找等。

b. 智能视频分析技术。

智能视频分析技术是指使用计算机数字图像处理分析技术将场景中背景

和目标分离进而分析并追踪在场景内出现的目标。用户可以利用智能视频分析技术，通过在不同场景中预设不同的报警规则，一旦目标在场景中出现了违反预定义规则的行为，系统会自动发出报警，监控工作站自动弹出报警信息并发出警示音，用户可以通过点击报警信息，实现报警的场景重组并采取相关措施。智能视频分析技术包括视频分析和视频改良技术。视频分析技术的主要功能是在监控画面中找出目标，并检测目标的运动特征属性。例如：目标相对的像素点位置，目标的移动方向及相对像素点移动速度，目标本身在画面中的形状及其改变。视频改良技术的主要功能是将以前不可视、模糊不清，或者是在振动的画面进行一些优化处理，以增加视频的可监控性能。

c. 数字图像处理分析技术。

数字图像处理分析技术是指通过计算机对图像进行去除噪声、增强、复原、分割、提取特征等处理的方法和技术。

d. 计算机视觉分析技术。

计算机视觉分析技术是指用摄影机和电脑代替人眼对目标进行识别、跟踪和测量，并进一步做图形处理，使之成为更适合人眼观察或传送给仪器检测的图像。

e. 行为模式识别技术。

行为模式识别技术是指通过计算机检测和识别运动目标，跟踪运动目标，并在以上处理过程的基础上理解目标的动作和行为，从而对目标行为做出相应处理。行为模式的识别过程包括运动目标的检测、目标特征的提取、目标特征的匹配、目标的分类，最终实现目标行为识别，这一过程涉及图像处理、模式识别、人工智能等领域的技术应用。

④商业模式。

公司立足于安防行业，拥有人脸识别、智能视频分析、数字图像处理分析、计算机视觉分析、行为模式识别等技术。在这些技术应用过程中，经过探索实践，公司形成了体系化的安防解决方案、系统集成解决方案服务模式。公司主要围绕人脸识别和智能视频分析两大核心技术开发产品和提供服务，主要产品和服务包括人脸库系统、人脸识别门禁系统、人脸识别实时布控系统等解决方案，以及为客户提供业务咨询、方案设计、方案实施、后期维护一站式服务。此外，公司还向在安防、系统集成领域积累的原有客户以及其他客户销售

IT设备等商品。公司主要客户包括公安、司法、市政、教育部门、医院及其他企事业单位。

公司通过主动营销和参加招投标等方式获得合同，然后针对客户的个性化需求，通过完善的业务流程，为客户提供差异化的安防解决方案和系统集成解决方案，以及向客户销售IT设备等商品来获得收入、利润和现金流。报告期内公司利润率高于同行业，主要是因为，公司人脸识别业务基于人脸识别核心技术，该技术难度大，竞争对手难以模仿，且公司所处人脸识别业务领域进入壁垒高，公司具有较强的定价能力，具有高于同行业的利润率。其中安防解决方案和系统集成解决方案以项目方式运作。

⑤行业状况。

公司主营业务为安防系统设备。公司作为安防解决方案供应商，以安防为中心开展各项业务，安防业务是公司最主要的收入与利润来源。公司基于人脸识别技术开发软件及应用产品，与其他安防类企业展开差异化竞争，在应用领域，公司的具体细分行业为安防行业中的人脸识别行业。

a. 安防行业概况。

安防行业是指为防入侵、防盗窃、防抢劫、防破坏、防爆炸等领域提供产品和服务的行业。安防行业是一个集现代计算机、集成电路应用、软件平台、物联网、网络控制与传输等技术为一体的综合性高新技术应用行业，是知识和技术密集型产业，也是创新驱动型产业。

安防产品和服务广泛应用于公安、监狱、金融、学校、工厂、大型商场、社区、高档别墅、交通、工矿企业等领域，是社会公共安全体系的重要组成部分。经过三十多年的快速发展，我国安防行业获得了长足的进步，形成了市场应用广泛、产业链相对完整、具有一定规模的高成长型行业，在服务政府构建"和谐社会"、推动"平安城市"建设、实施"科技强警"战略等方面发挥了十分显著的作用。

b. 安防行业现状。

"十一五"期间，伴随着国民经济的持续快速发展，在政府部门大力推动及"平安城市""奥运会""世博会"等大型项目、活动的带动下，我国安防行业保持了快速增长的势头，形成了相对完整的产业链体系，产业结构调整初见成效。随着市场应用的不断扩展，产业内涵逐渐延伸放大，形成了集科研开发、生产制造、施工集成、报警运营、销售服务等为一体的完整产业链体系。

根据《中国安全防范行业年鉴》（2012版）统计，截至2012年底，我国安防企业已达三万家，从业人员约150万人左右，行业总产值达到3200亿元左右，同比增长14.3%，远高于国内GDP的增长速度。其中安防产品产值约为1400亿元，安防工程和服务市场约为1800亿元。全行业实现增加值约1150亿元左右，同比增长12.7%。

c. 安防行业发展空间。

国内安防行业面临着强大的市场需求，"十二五"期间，我国安防行业市场前景广阔。根据2011年2月28日中国安全防范产品行业协会制定的《中国安防行业"十二五"（2011—2015年）发展规划》，"十二五"期间，行业年增长率达到20%左右；"十二五"末期，产业规模翻一番。2015年总产值达到5000亿元，实现增加值1600亿元，年出口产品交货值达到600亿元以上；产业结构调整初见成效，安防运营服务业所占比重达到20%以上。

（3）公司财务数据。

表4-17　资产负债表　　　　　　　　　单位：万元

项目	2014年8月31日	2013年12月31日	2012年12月31日
流动资产	29142.45	24084.87	19282.51
非流动资产	3896.05	3915.82	3541.12
资产总计	33038.49	28000.69	22823.63
流动负债	8438.05	9678.73	7497.43
非流动负债	274.73	200.57	155.00
负债合计	8712.77	9879.30	7652.43
所有者权益	24325.72	18121.40	15171.20

资料来源：全国中小企业股份转让系统

表4-18　利润表　　　　　　　　　单位：万元

项目	2014年1—8月	2013年度	2012年度
营业收入	8820.95	14672.74	11100.95
营业利润	319.49	2368.48	2297.71
利润总额	777.03	3435.66	2301.47
净利润	708.55	2950.20	1987.11
归属于母公司所有者的净利润	708.55	2950.20	1987.11

资料来源：全国中小企业股份转让系统

表4-19　现金流量表　　　　　　　　　　单位：万元

项目	2014年1—8月	2013年度	2012年度
经营活动现金流量净额	−6244.90	−1705.23	−872.09
投资活动现金流量净额	−24.34	−601.26	−742.92
筹资活动现金流量净额	5913.28	1003.32	6246.96
汇率变动的影响	—	—	—
现金及现金等价物净增加额	−355.97	−1303.18	4631.95

资料来源：全国中小企业股份转让系统

三、交易背景和目的

1. 本次交易的背景

（1）全球集成电路产业布局、分工、应用领域的变化。

全球集成电路产业布局不断变化，产业分工不断细化，为我国集成电路产业切入全球产业链提供了契机。中国庞大的集成电路消费市场和新兴行业将对产业发展形成较大的驱动作用，对集成电路的需求呈现高、中、低档产品多代共存的特点。目前，引领中国乃至全球集成电路技术向前发展的龙头产品，正在由计算机转向多元化的应用产品，消费类和通讯类产品正逐步成为带动集成电路市场增长的主要动力，如智能手机、机顶盒、互动式网络电视及平板电脑等将继续保持增长态势。未来随着节能环保、移动互联、物联网、汽车电子、医疗电子、可穿戴设备等应用的展开，对集成电路的需求将不断上升。欧比特是国内具有自主知识产权的高可靠、高性能、小型化及低成本的嵌入式SoC芯片、SIP立体封装芯片及系统集成的供应商。自上市以来，欧比特一直专注于利用已有的优质资源，对航空、航天、军工等有潜力的行业与客户深耕细作，近两年在SIP设计生产方面不断攻坚克难，提高产品技术含量，逐步成为国防电子领域国产化、小型化的主导者。为了应对全球集成电路产业的发展趋势，欧比特极力推动并加强技术创新与行业应用相结合，不断完善嵌入式SoC芯片、SIP及系统集成等系列化产品，在现有的硬件产品基础上不断拓展和丰富技术产品结构，巩固和保持公司产品的技术领先优势，提高公司的生产能力和营销服务水平，拓展公司技术产品应用领域的深度和广度，进一步增进自主创新能力，提升核心竞争力和持续盈利能力，努力成为国际一流的高可靠、高性能、小型化及低成本的嵌入式SoC芯片、SIP立体封装芯片及系统集成的供应商。

（2）软硬件一体化战略，产生新的技术创新和新的市场。

在云计算、移动互联网、物联网、大数据等新技术新模式的冲击下，移动设备越来越多的通过软硬件一体化战略实现高性能、便携性、差异化，同时也更好地避免软件遭遇非法或恶意复制。目前图像处理及识别技术大多以专用软件的形式在PC机或服务器等平台上得以具体实现，这种方法具有一定的局限性。首先，这种实现方法是业界的通用做法，故各家产品的同质化现象严重，各自特色不是十分突出；其次，存在于PC机或服务器等平台上的软件易受到非法或恶意复制，故知识产权的安全性将受到严重威胁；再次，PC机或服务器等平台的便携性较差，不利于外场携带。铂亚信息是国内知名的图像处理识别技术和产品的供应商，虽然已经拥有系列化的、业界领先的产品和解决方案，掌握着大量的关键技术和核心算法，但其同样也面临上述问题。欧比特具有成熟的SoC设计能力，可以将铂亚信息在图像处理及识别领域的核心技术及算法形成图像处理识别专用SoC芯片，兼具成本低、可靠性高、运算速度极大提升的特点。这种革命性的设计，有望在智能识别可穿戴设备、卫星大数据分析应用、手机人脸识别等诸多应用领域上取得突破，市场前景广阔。另外，利用欧比特在高可靠计算机系统设计方面的技术积累，还可以助力铂亚信息研制出图像处理识别领域的专用系统或设备，降低甚至摆脱对传统PC机及服务器的依赖，同时，这些专用和设备将具有可靠性高、体积小、功耗低、携带方便、易于维护等优点，可以为金融行业、民用行业等提供各种安全电子产品。

（3）平安城市建设快速发展。

平安城市是一个庞大的综合性管理系统，它不仅要满足基本的治安指挥需求，也要满足事故预警的图像监控需求，还要满足各部门之间的调度联动功能。平安城市是人防、物防、技防，三防合一的完整安防体系。平安城市项目也是安防行业化发展的重要分支，它覆盖了公安、金融、建筑、交通、校园等多个领域。监控系统的出现，与平安城市建设项目完美融合，成为安防市场中重要的组成部分。

2013年11月，《中共中央关于全面深化改革若干重大问题的决定》明确指出：创新社会治理，必须着眼于维护最广大人民根本利益，最大限度增加和谐因素，增强社会发展活力，提高社会治理水平，全面推进平安中国建设，维护国家安全，确保人民安居乐业、社会安定有序。铂亚信息是国内知名的图像处理识别技术和产品的供应商，拥有安防行业领先的产品和解决方案，掌握着包括人脸识别、智能视频分析、数字图像处理分析、计算机视觉分析、行为模式识别等在内的大量系列化的关键技术和核心算法。经过探索实践，公司形成了体系化的安防解决方案、系统集成解决方案服务模式，产品和服务可以广泛应用于平安城市领域。从安防到物联网和平安城市应用，铂亚信息要实现业务快速发展，急需大量资金和研发人员投入，需要借助资本市场在资源配置、风险定价的制度安排，方可得以有效实现。

2. 本次交易的目的

（1）推进上市公司现有业务的转型升级和创新。

近年来，芯片集成度不断提高，处理能力持续增长，功能多样化趋势明显。伴随着物联网、移动互联网等新技术蓬勃发展，硬件、软件与服务之间的边界日益模糊，软硬件产业结合、产业链条垂直整合的趋势越来越明显。这种垂直整合是移动设备等领域取得快速发展的重要原因。

（2）注入优质资产，有效提高上市公司盈利能力。

通过本次交易，欧比特将直接持有铂亚信息100%的股权，2013年度铂亚信息实现营业收入14672.74万元，归属于母公司所有者的净利润2950.20万元；同时，本次业绩承诺人李小明、顾亚红、陈敬隆承诺2014年、2015年、2016年实现的扣除非经常性损益后归属于母公司股东的净利润分别不低于3400万元、4200万元、5140万元。本次交易完成后，优质资产的注入将大幅提升上市公司盈利能力，进而实现股东价值最大化。

本次交易完成后，随着标的公司业务注入，上市公司业务的多样性得到了拓展，上市公司的融资平台有利于标的公司突破发展瓶颈、增强抗风险能力和持续盈利能力，上市公司也可以通过本次重组保持公司的快速增长态势。同时，本次交易可以充分发挥业务拓展、优势互补的协同效应。交易完成后上市公司将进一步拓展与标的公司的协同发展空间，发挥双方业务的协同效应，同时积极扩大相互行业客户的覆盖，提高整体经营资源利用效率。

铂亚信息预计2014年、2015年度将分别实现利润3222.19万元和4166.85万元。铂亚信息盈利能力较强，将其注入上市公司后，有利于提高上市公司资产质量和盈利能力。

（3）发挥协同效应，促进上市公司与标的公司的共同发展。

欧比特是国内知名的SoC、SIP及系统集成产品供应商，其产品以可靠、高性能、低功耗、小型化等优良品质而著称。铂亚公司是国内知名的图像处理识别技术和产品的供应商，拥有系列化的业界领先的产品和解决方案，掌握着大量的关键技术和核心算法。本次交易后，标的公司的产品将丰富上市公司特定行业的产品和服务内容，同时标的公司的产品及服务也将并入公司整体行业布局。通过上市公司的平台，共享技术资源、客户资源和融资平台，取得更好的发展。

四、被收购方评估

1. 评估过程

（1）明确评估业务基本事项。

承接评估业务时，通过与委托方沟通、查阅资料或初步调查等方式，明确委托方、被评估企业、评估报告使用者等相关当事方、评估目的、评估对象基本情况和评估范围、价值类型、评估基准日、评估假设和限制条件等评估业务基本事项。

（2）签订业务约定书。

根据评估业务具体情况，综合分析专业胜任能力和独立性，评价项目风险，确定承接评估业务后，与委托方签订业务约定书。

（3）编制资产评估计划。

根据本评估项目的特点，明确评估对象及范围，评估时重点考虑评估目的、资产评估对象状况，资产评估业务风险、资产评估项目的规模和复杂程度，评估对象的性质、行业特点、发展趋势，资产评估项目所涉及资产的结构、类别、数量及分布状况，相关资料收集情况，委托方、被评估企业过去委托资产评估的经历、诚信状况及提供资料的可靠性、完整性和相关性，资产评估人员的专业胜任能力、经验及专业、助理人员配备情况后，编制合理的资产评估计划，并根据执行资产评估业务过程中的具体情况及时修改、补充资产评估计划。

（4）现场调查。

根据评估业务的具体情况对评估对象进行必要的勘查，包括对不动产和其他实物资产进行必要的现场勘查，了解资产的使用状况及性能；对企业价值、股权和无形资产等非实物性资产进行必要的现场调查。

（5）收集资产评估资料。

通过与委托方、被评估企业沟通并指导其对评估对象进行清查等方式，对评估对象资料进行了解，同时主动收集与资产评估业务有关的评估对象资料及其他资产评估资料，根据评估项目的进展情况及时补充收集所需要的评估资料。通过收集相关资料来了解被评估企业经营状况和委估资产及现状，协助被评估企业收集有关经营和基础财务数据，将资产评估申报表与被评估企业有关财务报表、总账、明细账进行核对，并对相关资料进行验证，采取必要措施确信资料来源的可靠性。

（6）财务分析。

分析被评估单位主营业务相关经营主体的历史经营情况，分析收入、成本和费用的构成及其变化原因，分析其获利能力及发展趋势。

（7）经营分析。

分析被评估单位主营业务相关经营主体的综合实力、管理水平、盈利能力、发展能力、竞争优势等因素。

（8）盈利预测的复核。

根据被评估单位主营业务相关经营主体的财务计划和发展规划及潜在市场优势，结合经济环境和市场发展状况分析，对企业编制的未来盈利预测进行复核。

（9）评定估算。

对所收集的资产评估资料进行充分分析，确定其可靠性、相关性、可比性，摒弃不可靠、不相关的信息，对不可比信息进行分析调整，在此基础上恰当选择资产评估方法。根据业务需要及时补充收集相关信息，根据评估基本原理和规范要求恰当运用评估方法进行评估,形成初步评估结论,对信息资料、参数数量、质量和选取的合理性等进行综合分析形成资产评估结论;资产评估机构进行必要的内部复核工作。

（10）编制和提交资产评估报告。

在执行必要的资产评估程序、形成资产评估结论后,按规范编制资产评估报告,与委托方等进行必要的沟通,听取委托方、被评估企业等对资产评估结论的反馈意见并引导委托方、被评估企业、资产评估报告使用者等合理理解资产评估结论,以恰当的方式提交给委托方。

2. 评估方法

进行企业价值评估,要根据评估目的、评估对象、价值类型、评估时的市场状况及在评估过程中资料收集情况等相关条件,分析资产评估基本方法的适用性,恰当选择一种或多种资产评估基本方法。企业价值评估基本方法包括资产基础法、收益法和市场法:

资产基础法是指以被评估企业评估基准日的资产负债表为基础,合理评估企业表内及表外各项资产、负债价值,确定评估对象价值的评估方法。收益法是指将预期收益资本化或者折现,确定评估对象价值的评估方法。市场法是指将评估对象与可比上市公司或者可比交易案例进行比较,确定评估对象价值的评估方法。

上述三种具体评估方法中,资产基础法不能充分体现被评估企业在持续经营条件下的企业价值,例如:被评估企业的商标很难以资产价值本身来衡量,被评估企业管理、营销和技术团队的核心竞争力无法直接地、完全地在财务报表中予以反映,且被评估企业并不进行真正意义上的机器生产,基本无生产型设备,属于轻资产公司,仅对现有资产进行评估,将严重低估企业价值,故本次评估不适用资产基础法。

被评估企业在同行业中具有核心竞争力,在未来期间内具有可预期的持续经营能力和盈利能力,具备采用收益法评估的条件。在我国证券市场上,存在一定数量规模的与被评估企业经营类似业务或产品的可比上市公司,具备采用上市公司比较法的条件。因此,本次评估拟采用收益法和市场法。在比较两种评估方法所得出评估结论的基础上,分析差异产生原因,最终确认评估值。

（1）收益法（现金流折现法）介绍。

①现金流折现法简介。

现金流折现法是通过将企业未来以净现金流量形式所体现出来的预期收益折算为现值，估算价值的一种方法。其基本思路是通过估算企业未来预期的自由现金流，并采用适宜的折现率折算成现时价值，得出估算值。其适用的基本条件是：企业具备持续经营的基础和条件，经营与收益之间存有较稳定的对应关系，并且未来预期收益和风险能够预测及可量化。使用现金流折现法的最大难度在于未来预期收益的预测以及数据采集和处理的可靠性、客观性等。但当对未来的净现金流量预测较为客观，折现率的选取较为合理时，其估值结果具有较好的公正性和科学性，易为市场所接受。现金流折现法是目前企业估值方法中较为成熟的一种方法，也是国内外对存续企业持续经营价值评估最常采用的方法之一。

②评估模型与基本公式。

股东全部权益价值＝未来无限年自由现金流折现值＋溢余资产±非经营性资产（负债）－付息负债

（2）市场法介绍。

市场法是通过将评估对象与参考企业、在市场上已有交易案例的企业、股东权益、证券等权益性资产进行比较以确定评估对象价值的一种方法。在市场法中常用的两种方法是上市公司比较法和交易案例比较法。

交易案例比较法是指获取并分析可比企业的买卖、收购及合并案例资料，计算适当的价值比率，在与被评估企业比较分析的基础上，确定评估对象价值的具体方法。上市公司比较法是指通过对资本市场上与被评估企业处于同一或类似行业的上市公司的经营和财务数据进行分析，计算适当的价值比率或经济指标，在与被评估企业比较分析的基础上，得出评估对象价值的方法。

由于国内相关行业并购案例有限，且交易具体情况难以获得，因此本次不采用交易案例比较法。由于我国目前资本市场发展迅速，评估人员可以通过资本市场的公开披露信息直接获得大量上市公司股价信息，本次评估采用上市公司比较法。具体操作步骤如下：选择可比上市公司；财务报表分析调整；对确定选取的价值比率乘数；对相应价值乘数进行修正；应用分析结果计算被评估对象的价值。

3.评估假设

（1）基础性假设。

①交易假设。

假设评估对象处于交易过程中，评估师根据评估对象的交易条件等模拟市场进行估价，评估结果是对评估对象最可能达成交易价格的估计。

②公开市场假设。

假设评估对象及其所涉及资产是在公开市场上进行交易的，在该市场上，买者与卖者的地位平等，彼此都有获取足够市场信息的机会和时间，买卖双方的交易行为都是在自愿的、理智的、非强制条件下进行的。

③企业持续经营假设。

假设在评估目的经济行为实现后，评估对象及其所涉及的资产将按其评估基准日的用途与使用方式在原址持续使用。

（2）宏观经济环境假设。

①国家现行的经济政策方针无重大变化。

②在预测年份内银行信贷利率、汇率、税率无重大变化。

③被评估企业所占地区的社会经济环境无重大变化。

④被评估企业所属行业的发展态势稳定，与被评估企业生产经营有关的现行法律、法规、经济政策保持稳定。

（3）评估对象于评估基准日状态假设。

①除评估师所知范围之外，假设评估对象及其所涉及资产的购置、取得或开发过程均符合国家有关法律法规规定。

②除评估师所知范围之外，假设评估对象及其所涉及资产均无附带影响其价值的权利瑕疵、负债和限制，假设评估对象及其所涉及资产之价款、税费、各种应付款项均已付清。

③除评估师所知范围之外，假设评估对象及其所涉及房地产、设备等有形资产无影响其持续使用的重大技术故障，该等资产中不存在对其价值有不利影响的有害物质，该等资产所在地无危险物及其他有害环境条件对该等资产价值产生不利影响。

（4）预测假设。

①假设评估对象所涉及企业在评估目的经济行为实现后，仍将按照原有

的经营目的、经营方式持续经营下去，其收益可以预测。

②假设评估对象所涉及企业在评估目的经济行为实现后，仍按照预定之经营计划、经营方式持续经营。

③假设评估对象所涉及企业按评估基准日现有（或一般市场参与者）的管理水平继续经营，不考虑该等企业将来的所有者管理水平优劣对企业未来收益的影响。

④被评估企业在未来经营期限内的财务结构、资本规模不发生重大变化；

⑤收益的计算以中国会计年度为准，均匀发生；

⑥无其他不可预测和不可抗力因素对被评估企业经营造成重大影响；

⑦企业目前正在进行的高新技术企业复审可顺利结束并取得高新技术企业证书，以后五个年度可继续享受所得税优惠政策，2020年起所得税率为25%。

（5）限制性假设。

①本评估报告假设由委托方提供的法律文件、技术资料、经营资料等评估相关资料均真实可信。

②除非另有说明，假设通过可见实体外表对评估范围内有形资产视察的现场调查结果，与其实际经济使用寿命基本相符。本次评估未对该等资产的技术数据、技术状态、结构、附属物等进行专项技术检测。

4. 评估结论

（1）收益法评估结论。

在评估基准日2014年8月31日，采用收益法，广东铂亚信息技术股份有限公司的股东全部权益的市场价值评估值为52800.00万元，与账面净资产增值28474.28万元相比，增值率117.05%。

（2）市场法评估结论。

在评估基准日2014年8月31日，采用市场法，广东铂亚信息技术股份有限公司的股东全部权益价值为56400.00万元，与账面净资产增值32074.28万元相比，增值率131.85%。

（3）评估结论的选取。

收益法评估结果为52800.00万元，市场法评估结果56400.00万元，收益法评估结果低于市场法评估结果3600.00万元，市场法评估结果高于收益法结果6.82%。

由于市场法是通过分析对比公司的各项指标，以对比公司股权或企业整体价值与其某一收益性指标、资产类指标或其他特性指标的比率，并以此比率倍数推断被评估企业应该拥有的比率倍数，进而得出被评估企业股东权益的价值。由于评估人员了解到对比公司的财务信息比较有限，可能存在可比公司独有的无形资产、或有负债等不确定因素或难以调整的因素，致使上市公司比较法的评估结果与实际企业价值离散程度存在较大的风险。同时，市场的波动也导致了市场法结果的不确定性。收益法是从企业的未来获利能力角度考虑的，反映了企业各项资产的综合获利能力，也体现了企业良好的管理经验、稳定的核心团队、客户关系、声誉、技术优势、独特的发展理念等综合因素形成的各种无形资产的价值。

鉴于以上原因，本次评估决定采用收益法评估结果作为被评估企业股东全部权益价值的最终评估结果。故评估人员选取收益法的评估结果作为评估结论，广东铂亚信息技术股份有限公司的股东全部权益的市场价值评估值为52800.00万元。

本案例中，并购有利于推进上市公司现有业务的转型升级和创新，是并购促进企业拓展新业务、开拓新领域的很好展示。

第四节
中航工业布局航空线缆平台：宝胜股份并购日新传导[①]

一、交易情况简介

宝胜股份于2014年9月29日推出了定向增发收购日新传导100%股权的预

[①]　本节参考《宝胜科技创新股份有限公司拟收购东莞市日新传导科技股份有限公司股权项目涉及的东莞市日新传导科技股份有限公司股东全部权益价值资产评估报告》。

案。发行对象为东莞中科、广东融易、中航机电、中航产投、深圳君佑、新疆协和、李明斌、令西普、陈根龙。宝胜股份与日新传导全体股东签订附生效条件的《关于东莞市日新传导科技股份有限公司股权转让协议》，本次发行完成后，公司将以16200万元的价格收购日新传导100%股权。收购完成后，日新传导成为宝胜股份的全资子公司。本次非公开发行股票的定价基准日为公司第五届董事会第十五次会议决议公告日，发行价格为8.10元/股，不低于定价基准日前二十个交易日公司股票交易均价的90%。此次定向增发将有利于改善上市公司财务状况，提升持续盈利能力和抗风险能力，也能切实提高公司竞争力，推进公司发展战略，符合公司和股东的长远利益。

二、交易双方概况

1. 宝胜股份基本概况

（1）公司基本信息。

表4-20　公司基本信息

公司的中文名称	宝胜科技创新股份有限公司
公司的中文名称简称	宝胜股份
公司的外文名称	Baosheng Science and Technology Innovation Co.,LTD.
公司的法定代表人	孙振华
公司注册地址	江苏宝应安宜镇苏中路一号
公司注册地址的邮政编码	225800
公司网址	www.baoshengcable.com
电子信箱	600973@baosheng.cn
公司选定的信息披露报纸名称	《中国证券报》《上海证券报》《证券时报》
登载年度报告的中国证监会指定网站的网址	www.sse.com.cn
公司年度报告备置地点	江苏宝应安宜镇苏中路一号公司证券部

资料来源：全国中小企业股份转让系统

（2）公司主营业务情况。

2013年公司实现营业收入980786.30万元，同比上升14.45%；实现净利润

10027.40万元，同比上升4.52%。市场开发方面，作为综合性的电线电缆生产企业，在巩固工程类和重大项目类客户的同时，公司积极开拓在电网市场客户，全年累计成功开发全国18个省级电力公司、25个市级供电公司和19个县级供电公司，新签订单21亿元。此外在军工、通信、能源、汽车、机车、海工、飞机等高端装备线缆市场也加大了开拓力度，目前已与一批重点企业、科研院所、军工单位形成广泛合作。在出口方面，公司实现出口7.35亿元。电子商务方面，2013年11月，宝胜官方网店暨"中国电线电缆商城"正式上线。宝胜官方旗舰店在天猫商城、1号店亦同步上线。此外，公司成功取得泰尔认证，并首次入围中国电信集中采购供方名单，取得投标资格，为公司进军通信市场打下良好基础。

①市场营销优势。

公司建立了具有行业竞争力的营销直销网络渠道，对电线电缆市场按国际国内两个板块进行布局。在国内市场方面，全国市场版图重新划分8个区域，细分为59个销售公司，同时公司已成立了宝胜（上海）电线电缆销售公司，进一步强化对市场的管控和支持力度；在国际贸易方面，已成立了宝胜（香港）进出口有限公司，加快国际市场的开发步伐；根据新产品特点成立了特种电缆、橡胶电缆、防火分支电缆、电力以及军工等专项销售项目部。目前公司在职销售人员300多人，拥有一支既懂技术又精通商务的销售工程师队伍，公司还将计划每年招聘20名电工电气本科学历以上的毕业生，在生产、技术岗位历练后充实到营销岗位，建立一支百人销售工程师队伍。

②科技创新优势。

近年来，公司坚持不懈地走依靠科技创新发展企业的路子，在注重引进和消化别人先进技术的同时，特别注重促进自主创新能力的提升，逐步构建了较为完善的企业自主创新体系和科研人才队伍。以此为载体，2013年共完成新产品研发30多项，其中"额定电压450/750V交联聚乙烯绝缘皱纹不锈钢护套防水防腐蚀型无卤低烟阻燃控制电缆、热塑性耐寒抗开裂无卤低烟阻燃聚烯烃电缆料"等14项新产品和新材料通过省级新产品鉴定；获得专利12项，其中发明专利一项。此外，公司研发的第三代核电站专用电缆入选2013年度国家重点新产品计划立项项目清单。加盟中航之后，公司将进一步重点加强航空航天类产品的研发投入。同时公司将继续依托现有院士工作站、博士后工作站、江苏省电线电缆工程技术研发中心等科技平台致力于军工、核电、超导、新能源、轨道交通等方面电缆的研发和设计。

③品牌形象优势。

公司一直大力实施品牌战略,通过科技树牌、质量立牌、服务争牌、诚信创牌,不断提升品牌含金量,通过实实在在地做产品、抓质量,提高企业声誉,赢得市场认可。2007年,首都机场项目部负责人向公司授予"奥运工程做贡献,首都机场留美名"锦旗;2009年4月份,鸟巢工程项目部负责人专程来公司,向宝胜授予"北京奥运会国家体育场建设工程优秀供应商"称号。"宝胜牌"电线电缆荣获"中国名牌产品"称号,"宝胜"商标成为国内电缆行业中的驰名商标。公司还先后多次被评为"全国重信用、守合同企业",并连续三年被评为"全国实施卓越绩效模式先进企业",荣获了"全国实施卓越绩效模式先进企业特别奖"。

④产品宽度优势。

目前,公司专业生产180多个品种、22000多个规格的裸铜线、电气装备用电缆、电力电缆、通信电缆、网络电缆、铁路信号电缆、矿物绝缘电缆、橡胶电缆、辐照交联电缆、分支电缆、超导电缆、铝芯电缆等各种系列电线电缆以及电缆材料,产品覆盖到除光缆以外的电线电缆各个领域,成为行业内品种规格较为齐全完整的企业之一,配套能力、交付能力强,能够快速满足不同的市场需求。

⑤人才优势。

公司始终坚持以人为本的思想,大力实施"引、借、聘、培"的人才战略,营造鼓励人才成长、培养造就人才和吸引优秀人才的良好环境和政策制度,建立结构较为合理的人才梯队,为企业的持续发展提供智力支持。公司与西安交通大学、哈尔滨理工大学、上海电缆研究所联合培养了600多名技术和管理骨干。2012年以来,公司聘请正略钧策公司配合实施了员工职业生涯发展规划建设,从能力、岗位、绩效、薪酬四个方面系统考虑,为员工未来发展提供有效的目标和通道;2013年以来,公司针对关键岗位员工推出"股票期权激励计划"以及"金福计划"等激励机制创新措施,进一步增强了企业的凝聚力。

⑥依托央企平台的优势。

宝胜集团75%股权无偿划转事项已获得国务院国资委和证监会的批复,待宝胜集团工商变更登记事项完成后，中航工业集团将正式成为公司的实际控制人。依托央企平台，公司在市场开拓、产品研发、融资、并购以及综合应对风险等方面的能力将会得到进一步提升。

（3）公司财务数据。

表4-21　公司财务数据　　　　　　　　　　　　　　单位：亿元

项目	2015年9月30日	2014年12月31日
总资产	101.19	85.71
经营活动产生的现金流量净额	6.61	0.76
营业收入	85.99	121.62
利润总额	1.24	1.60
净利润	1.02	1.29
加权平均净资产收益率（%）	4.73	6.27
每股收益（元/股）	0.24	0.31

资料来源：全国中小企业股份转让系统

2. 日新传导基本概况

（1）公司基本信息。

表4-22　公司基本信息

公司名称	东莞市日新传导科技股份有限公司
注册资本	5390万元
法定代表人	李明斌
有限公司成立日期	2000年10月26日
股份公司设立日期	2008年8月20日
公司住所	广东东莞市桥头镇东部工业园桥头园
经营范围	研发、产销：特种线缆、电器材料、高温氟硅塑料、电子电器配件、温度控制器、多媒体数字接口产品；电线束加工；货物进出口、技术进出口（法律、行政法规禁止的项目除外；法律、行政法规限制的项目须取得许可后方可经营）
组织机构代码证	72545229-0

资料来源：全国中小企业股份转让系统

（2）公司主营业务情况。

日新传导自成立以来，以小批量、多品种的专精特高技术特种线缆产品为入口，一直专注于特种线缆线束的研发、生产和销售。按应用领域分，日新传导的主要产品为工业线缆、互连组件、通信线缆、医疗线缆和能源线缆。日新传导为国家级高新技术企业，拥有特种线缆相关的技术专利120项，其中发明专利24项，实用新型专利63项，外观设计专利33项。日新传导于2009年被广东省经贸委、广东省财政厅、广东省国税局和地税局联合认定为"企业技术中心"；公司研发中心于2008年被评为东莞市企业工程技术研发中心，2009年被认定为东莞市特种电线电缆重点实验室。公司通过了ISO9001：2003、ISO13485：2003、ENISO13485：2012、ISO14001：2004等认证，并取得了数百项的国内及国际安全规范认证，包括中国CCC认证、美国UL认证、欧洲VDE和TUV认证、日本PSE认证、加拿大CSA认证及巴西的AWM电子线认证等。公司商标"NISTAR"于2014年被评为广东省著名商标。

（3）公司财务数据。

表4-23　资产负债表主要数据　　　　　　　　　　　　单位：万元

项目	2014年7月31日	2013年12月31日
流动资产	17002.27	17327.33
非流动资产	12910.05	11524.56
资产合计	29912.33	28851.89
流动负债	11941.79	14641.78
非流动负债	3725.47	625.47
负债合计	15667.26	15267.25
股东权益合计	14245.07	13584.63

资料来源：全国中小企业股份转让系统

表4-24　利润表主要数据　　　　　　　　　　　　　　单位：万元

项目	2014年1—7月	2013年度
营业收入	12645.96	21745.63
营业成本	10073.32	16611.10
营业利润	735.97	1448.24
利润总额	732.96	1617.85
净利润	660.44	1333.52

资料来源：全国中小企业股份转让系统

表4-25　现金流量表主要数据　　　　　　　　　单位：万元

项目	2014年1—7月	2013年度
经营活动产生的现金流量净额	−265.16	−436.69
投资活动产生的现金流量净额	−478.98	−340.35
筹资活动产生的现金流量净额	−75.77	−667.78
现金及现金等价物净增加额	−819.91	−1454.83
期末现金及现金等价物余额	1232.22	2052.13

资料来源：全国中小企业股份转让系统

注：日新传导于2014年11月暂停挂牌，故其财务数据截至2014年年中。

三、交易背景和目的

1. 本次交易的背景

（1）行业竞争格局和发展趋势。

随着国内经济增长预期逐渐下调，电线电缆行业的总体增速将进一步放缓，行业内原有的普通中低压电缆竞争激烈的格局将进一步加剧，高压电缆以及特种电缆已经面临并将继续面临着激烈的竞争。行业内的一批竞争力较弱的小企业将会逐步被淘汰。由于电缆行业市场整体规模接近10000亿，部分细分市场仍然有较大的增长空间：随着社会的发展、建筑物的增多，火灾发生的频率也将增加，氧化镁电缆在未来的需求量将会大大增加；低空领域的逐步放开是一个趋势，对小飞机市场的需求拉动肯定很大，相应的对航空电缆也会有所拉动；根据国家能源结构调整的规划设想，到2020年，核电在全国发电总装机容量中的比例要占到4%，占总发电量的6%，即核电投运规模将达到$3.6 \times 10^{10} \sim 4.0 \times 10^{10}$瓦，相应的核电电缆市场也将进一步扩大。

（2）经营计划。

①推进市场攻坚，加快营销转型，量质并举精耕市场。

市场是企业一切工作的出发点和落脚点。公司通过推动营销"六个转变"，全面实施"2236"的营销战略，以营销的转型升级带动全公司各项工作的转型升级。

一是坚持"两轮驱动"创新营销模式。大力推进公司自主营销和营销人员营销"两轮驱动"，各销售副总、区域总监和每位公司高管都要主动上前抢占市场，成为公司市场的开拓者和订单的签订者。电力、军工、通讯等八大专项项目部和五大装备电缆项目组要充分发挥市场尖兵的作用，加大公司在营销人员不能做、做不好、做不大的市场领域，尤其是重大工程、高端市场、重大主体市场和特种市场、薄弱区域的自主开发力度，务必尽快实现突破。

二是坚持"两个深耕"深化布局调整。为进一步健全市场管理体系，合理配置管理资源，强化市场开拓能力，公司对营销布局、组织架构作了适当调整，将全国市场版图重新划分8个区域，细分为59个销售公司，各销售公司要积极延伸营销触角，重心下移，更加细致地做好区域市场挖掘，减少市场盲点，进一步深耕市场、深耕客户关系。要更好发挥团队功能，开展团队营销，确保区域内重大项目、标志性项目一个不漏，重点工程、主体市场一个不丢。真正把销售公司打造成宝胜在该区域的营销堡垒，成为该区域最具影响力的营销团队。

三是坚持"三个受控"强化市场管控。各位营销管理者要深入市场一线，细致抓好市场管理，密切跟踪分析市场动态，创造性抓好市场开拓，做好客户沟通、服务和回访，充分挖掘客户需求，要对营销人员开发项目全过程跟踪监督，做到分管区域内每个客户、每个项目、每个营销人员都能受控，提高营销管理水平。

四是坚持"六个一起抓"做大市场规模。继续围绕坚持"工程市场和装备市场、国内市场和国际市场，普通电缆和高端电缆，民品市场和军品市场，实施单位和设计院所，一般客户和战略客户""六个一起抓"，围绕"有质量的数量，有数量的质量"开展营销工作，实现提效扩量，做大规模效应，提高盈利水平。要重点抓好电力、三大油、通信、轨道交通等支撑业绩增长的主体市场，尤其是要继续做大电力市场，2014年要突破28亿元的合同规模，力争实现全国省级电网、经济发达省份地市级电网、江浙地区重点县（市）供电公司三个"全覆盖"。要把更多的精力放在核电、军工、海工、特种橡缆、机车线、大飞机用电缆等高端市场的开发上，实现差别化竞争。每个区域每年至少要新开发三家以上装备电缆的市场客户，保证新产品销售额的比重达到20%以上。

五是坚持"多管齐下"拓展营销渠道。电子商务方面，要围绕建立全行业领先，能整合全行业资源的电子商务平台的目标，加快"中国电线电缆商城"平台的建设和推广，以电线网络营销为突破口，带动其他产品的网上营销，实现宝胜的商业模式变革；国际市场方面，宝胜（香港）进出口有限公司，上海、北京国际贸易办事处要充分发挥职能作用，加大高素质专业人才的引进和现有队伍培养，拓宽自主直营出口渠道，迅速扩大出口总量。特别是要利用加入中航工业的机遇，加强与中航工业成员企业和央企的联系和合作，积极拓展央企海外工程市场。

②推进技术攻坚，加快科技引领，促进创新驱动发展。

深入探索建立技术创新的长效机制，以技术进步实现产品升级，以产品升级带动产业升级，进一步提高公司核心竞争力。一是强化产业化研发。积极研发附加值高、市场前景好的电缆产品和电缆模块化系统集成产品，加快向产业链、价值链高端发展，着力提高新产品研发的产业化率，力争全年开发新品40个以上，其中当年实现千万元销售的新品10个以上。要加强市场信息的跟踪、收集，围绕用户需求，为客户提供电缆产品设计、制造、安装使用、运行服务等一整套集成式服务。二是强化产学研合作。继续加大与国内外著名高校、科研院所的交流合作，加大对科研成果的转化和应用力度，加强新产品研发、新技术攻关、市场技术推广，更好地从技术源头实现技术和产品的创新。全年确保新发展战略合作单位20家。三是强化技术队伍建设。坚持"招、引、培"的人才战略，全年引进理工科本科生150人，省"双创"人才2～3人，加大吸引电缆材料、精密铜导体、高端特种电缆顶尖人才为宝胜服务，并加快企业内部人才培养，深入研究效酬挂钩、特岗特薪分配制度，形成科技创新激励机制，不断推动企业科技水平的发展和提高。四是拓展研发平台功能。积极筹建宝胜研发大楼，提高装备研发、材料研发两大中心的研发能力。围绕提高生产效率和产品质量，降低消耗，做好现有装备的"三化"改造和工艺改进。装备研发中心要加快从提升改造现有设备向自主设计、研制生产设备的电缆设备制造商方向过渡；材料研发中心从改进橡缆、塑缆等现有电缆料生产工艺配方向军工、海工、核电等高端材料研发的特种材料生产商方向过渡。

③推进管理攻坚，加快流程再造，提升企业营运效能。

管理是企业永恒的主题。面对新形势、新变化、新挑战，我们必须眼睛向内，苦练内功，围绕"规范化、标准化、精细化、信息化"要求，引入先进的管理方法和管理工具，全面进行管理创新。一是全面优化绩效管理。公司制定了全年目标任务及责任分解表，把全年经济指标和主要工作任务，落实到公司班子成员、各企业和各部门的中层管理者。各单位要根据各自目标任务，层层细化分解，把责任和压力传递到每位管理者、每位职工。各项工作任务都要有量化指标、责任人和时限进度要求，纳入业绩考核。2014年将按照"立体化、持续化、定量化、个性化"的原则，加强管理者履职能力考核评价，根据工作绩效奖优罚劣，一把尺子量到底，对不能胜任工作的实行诫勉谈话和末位淘汰。二是强化成本和质量的管理。成本管理方面，进一步健全和完善以全面预算管理为中心的成本控制体系，强化管理指导，进一步增强全员成本意识和责任。要严格控制各种计划外支出和非生产性费用支出，从工艺改进、优化管理入手，力求废品率、过量使用率、质量缺陷率等指标达到全行业最低。质量管理方面，按照"零缺陷，零容忍"的双零要求做好工作。提高对原材料及产品质量的事先防范、过程控制能力，全面有效的推进质量体系建设和精益生产、5S管理。三是严格落实风险管理。要把风险管控放在更加突出的位置，切实增强警惕性和敏感性。继续深入开展风险排查、管理漏洞排查活动，在机制、流程、管理方法中进行排查，进一步强化效能监察和审计监督，切实防范重大经营风险和管理风险。在经营风险上重点防范因在外货款产生的现金流风险，在企业管理上重点防范环保和安全问题产生的责任风险，特别是要进一步加强安全生产管理，采取更严的措施，全面落实安全生产责任制，强化问责追究，确保实现"零事故、零工伤、零职业病"的目标，消除安全环保隐患。四是积极推进信息化管理。继续推进和深化ERP、CAPP、EMS、电子工厂、网上竞价平台等信息化工程建设，将信息化完全融入宝胜管理的各个环节，覆盖公司经营的整个过程，通过信息化来优化和重组管理流程，不断提高管理的效能和水平。

④推进项目攻坚，加快产出速度，打造效益新增长点。

一是加快推进宝胜科技城建设。要加快进行设备调试、工艺完善等工作，确保一期防火电缆项目、特种电缆项目、铜深加工项目在2014年2月份全面正式投产。防火老厂区生产线以及特缆事业部生产线搬迁工作也力争在一季度底完成。按计划进度抓紧连铸连轧项目设备安装、调试工作，确保6月底实现投产。同时，加快铝合金电缆、电缆系统项目的厂房建设进度，力争在8月份和11月份实现陆续投产。确保宝胜科技城项目2014年都能及时形成产能、形成销售，尽快成为宝胜新的效益增长点。二是进一步优化内部布局调整。围绕领先行业发展三到五年的目标，一次规划，分步实施产能扩充规划，重新调整宝胜生产布局，彻底解决产能与交货期的矛盾。2014年要扎实做好中压四期项目的完善、橡缆制造部连硫线设备的改造以及电线生产线的布局调整工作，在建的新塑料电力电缆项目要在4月底前投产。同时加快研究实施一批必要的填平补齐技改项目，使公司现有产品产能更加均衡化，增强产能释放弹性，以快速适应市场集中供货的需求。三是积极推进对外战略合作项目实施。要推进在外战略布局项目的实施，在扬州选择合适区域实施"海底电缆"项目，加快与中国商飞设计院合作，在上海实施"航空航天线缆和系统"项目，新建集研究、开发、试制、生产和检测为一体的生产基地。同时，要按照"地域、产品、市场"三个互补原则，积极调研和实施一批与电缆相关的资本兼并联合项目，实现产业低成本扩张，为企业的长期稳定发展奠定基础。另外，要借助央企平台，积极实施"走出去"战略，寻找适合国外并购的线缆企业，建立海外伙伴关系，择机在欧美设立工厂和实验室，在销售终端国家设厂布点，推进实施宝胜的海外扩张，扩大国际市场份额，提高产品在国际市场的占有率。

⑤推进改革攻坚，加快升级步伐，促进子公司做大做强。

宝胜（山东）电缆公司要强化自主销售，进一步扩大宝胜产品在山东市场的销售份额；要对产品结构进行优化，形成与公司总部产能差异化配置，提升宝胜电缆在山东市场的品牌影响力。铜业公司要在保证资金安全的基础上，做大市场规模，做好专业市场，向产业高端攀升。其他子公司要加快营销工程师队伍建设，引进培养专业人才抓好专项产品的销售，在运营中不断提升独立开展业务、直接面对市场创造优质效益的能力。

2. 交易的目的

（1）电缆细分行业市场空间，巩固宝胜股份市场地位。

随着近年全球经济的疲软及国内经济增长预期有所放缓，电缆行业总体增速将进一步减缓，但部分电缆细分市场仍然具有较大的增长空间。日新传导主要从事工业线缆、医疗线缆、能源线缆、通讯线缆等细分市场特种线缆及互联组件的研发生产和销售，在特种线缆行业细分市场具备一定的技术和人才储备，收购日新传导有利于丰富公司的产品线和产品种类，拓宽公司在电缆细分行业的发展空间，巩固和提升宝胜股份在电缆行业的综合竞争力和市场地位。

（2）公司产品与客户结构转型及提升盈利能力的需要。

目前，宝胜股份产品中毛利率较低的裸导体及中低压电缆占收入比重较大，加之公司客户结构中工程类客户占比较高，导致公司总体毛利率偏低。公司业已制订了提高特种电缆收入占比、加快产品结构转型及客户结构转型的相关规划。日新传导专注于特种线缆业务，且客户以电子通信领域为主，收购日新传导有利公司加快在特种线缆市场的扩张，优化公司的客户结构，进而提升公司盈利能力。

（3）有助于宝胜股份进一步开拓海外市场。

日新传导产品目前已获得了较全面的国际认证，包括美国UL、德国VDE、TUV、日本PSE、加拿大CSA、欧洲CE、REACH和ROHS、巴西UC、AWM电子线认证等数百项安全标准认证和环保认证。同时，日新传导产品约25%直接出口海外，国内销售的产品最终用户也大部分为境外用户，日新传导积累了多年海外市场销售及海外客户维护经验，收购日新传导有助于宝胜股份进一步打开国际市场，拓展海外业务。

四、被收购方评估

1. 评估过程

（1）接受委托。

2014年7月28日，资产评估公司接受委托，就评估目的、评估对象和评估范围、评估基准日等评估业务基本事项，以及各方的权利、义务等达成协议，并与委托方协商制定相应评估计划。

（2）前期准备。

2014年7月29日至2014年8月18日，根据项目总体安排，拟定评估方案、确定该项目负责人和各专业负责人，编制评估计划及组织实施项目培训；配合委托方进行前期尽职调查。

（3）资产清查及现场调查。

2014年8月19日至2014年8月29日，评估人员抵达现场，指导被评估单位自行清查资产并填写资产清查明细表。听取委托方及被评估单位有关人员对企业情况以及待评估资产历史状况和现状较为详细的介绍，查阅有关会计账表，根据被评估单位提供的资产清查评估明细表，进行账账、账表、账实核对，避免重复和遗漏，对被评估单位提供的法律性文件与会计记录及相关资料进行验证审核。现场工作期间主要完成了以下工作：完善资产评估明细表；与企业管理层、财务部门、项目运营部门、市场销售部门、资产管理部门等进行访谈，了解有关企业管理、财务状况、销售情况、采购情况、生产组织情况和资产管理使用情况；分析企业的生产收入及各年费用的变化情况；收集资料；现场勘察，主要对房屋建筑物、设备、土地使用权等进行现场勘察。

（4）评定估算。

2014年8月30日至2014年9月15日，评估人员根据选用的评估方法，选取相应的公式和参数进行分析、计算和判断，开展评定估算工作，并形成了初步评估结论。由项目负责人对各类资产评估初步结论进行汇总，撰写并形成评估报告初稿。

（5）内部审核和与委托方、被评估单位进行沟通与汇报。

2014年9月16日至2014年10月8日，将报告初稿送公司进行三级审核，根据公司审核意见，修订评估报告，出具评估报告征求意见稿。

（6）提交报告。

2014年10月9日，根据各方修改意见调整评估报告，出具评估报告终稿，提交委托方。

2. 评估方法

企业价值评估的基本方法主要有收益法、市场法和资产基础法。

收益法是指将预期收益资本化或者折现，确定评估对象价值的评估方法。市场法是指将评估对象与可比上市公司或者可比交易案例进行比较，确定评估对象价值的评估方法。资产基础法是指以被评估企业评估基准日的资产负债表为基础，合理评估企业表内及表外各项资产、负债价值，确定评估对象价值的评估方法。《资产评估准则——企业价值》规定，注册资产评估师执行企业价值评估业务，应当根据评估目的、评估对象、价值类型、资料收集情况等相关条件，分析收益法、市场法和资产基础法三种资产评估基本方法的适用性，恰当选择一种或者多种资产评估基本方法。根据本次评估目的、评估对象、价值类型，结合资料收集情况以及三种评估基本方法的适用条件，本次评估选用的评估方法为资产基础法和收益法。选择理由具体分析如下。

资产基础法选取分析：本次评估以持续使用和公开市场为前提，假设委估资产在今后生产经营中仍维持其原有用途并继续使用和获取收益；综合考虑上述各种影响因素，结合本项目评估目的，本次评估采用资产基础法对委估资产及负债进行评估。

市场法选取分析：常用的两种方法为参考企业比较法和并购案例比较法；无论采用哪种方法，均应收集一定数量的参考企业或交易案例并对相关财务报表进行分析调整，使其与被评估企业的财务报表具有可比性，在比较分析的基础上得出评估对象价值；鉴于本次很难收集到一定数量的公司性质、规模相似的企业交易案例，不具备做市场法的条件，本次评估不采用市场法进行评估。

收益法选取分析：从企业的整个运营周期考虑，并通过企业未来的盈利能力来估算企业整体价值，具备采用收益法评估的条件，因此，本次评估采用收益法进行评估。

3. 评估假设

（1）特殊性假设。

①假设评估基准日后被评估单位采用的会计政策和编写本评估报告时所采用的会计政策在重要方面保持一致。

②假设评估基准日后被评估单位在现有管理水平和管理方式的基础上，经营范围、方式与目前保持一致。

③本次评估假设被评估单位年终取得现金流。

④假设评估基准日后被评估单位的产品或服务保持目前的市场竞争态势。

⑤假设评估基准日后被评估单位的研发能力和技术先进性保持目前的水平。

（2）一般性假设。

①假设评估基准日后被评估单位持续经营。

②假设评估基准日后被评估单位所处国家和地区的政治、经济和社会环境无重大变化。

③假设评估基准日后国家宏观经济政策、产业政策和区域发展政策无重大变化。

④假设和被评估单位相关的汇率、利率、赋税基准及税率、政策性征收费用等评估基准日后不发生重大变化。

⑤假设评估基准日后被评估单位的管理层是负责的、稳定的，且有能力担当其职务。

⑥假设被评估单位完全遵守所有相关的法律法规。

⑦假设评估基准日后无不可抗力对被评估单位造成重大不利影响。

4. 评估结论

（1）资产基础法结果。

东莞市日新传导科技股份有限公司于评估基准日2014年7月31日总资产账面值为27781.65万元，评估值为31220.71万元，评估增值3439.06万元，增值率12.38%；总负债账面值为14254.84万元，评估值为14254.84万元，无评估增减值；净资产账面值为13526.81万元，评估值为16965.87万元，评估增值3439.06万元，增值率25.42%。

（2）收益法结果。

东莞市日新传导科技股份有限公司于评估基准日2014年7月31日总资产账面值为27781.65万元，总负债账面值为14254.84万元，净资产账面值为13526.81万元，经采用收益法得到的净资产评估价值为17416.53万元，评估增值3889.72万元，增值率28.76%。

（3）评估结论的确定。

资产基础法与收益法评估结果相差450.66万元，收益法略高于资产基础法。资产基础法是从资产的再取得途径考虑，反映的是企业现有资产的重置价值；收益法是从企业的未来获利能力角度考虑的，反映了企业各项资产的综合获利能力。两种方法评估思路不同，得到的评估结果存在差异是必然的。

鉴于东莞市日新传导科技股份有限公司产品多品种、小批次的特点，未来市场对公司产品的认知程度对公司收益影响较大。公司未来在高新产品互联组件、医疗线缆、汽车线缆产品规模的扩大，上述新产品对公司未来收益的影响存在较大的不确定性。

经综合分析后，我们认为在2014年7月31日评估基准日时的市场环境下，资产基础法结果更为合理、准确。

经过上述评估程序，得出如下评估结论：东莞市日新传导科技股份有限公司于评估基准日2014年7月31日总资产账面值为27781.65万元，评估值为31220.71万元，评估增值3439.06万元，增值率12.38%；总负债账面值为14254.84万元，评估值为14254.84万元，无评估增减值；净资产账面值为13526.81万元，评估值为16965.87万元，评估增值3439.06万元，增值率25.42%。

本案例中，由于日新传导有四分之一的产品直接出口海外，公司积累了多年海外市场销售经验及客户维护经验，并购有利于宝胜股份开拓海外市场，大大扩展了其业务范围，使得其发展踏上了一个新的高度。

第五节
挂牌仅八个月即被收购：联建光电并购易事达[1]

一、交易情况简介

2014年9月26日联建光电发布重组预案，公司拟以现金及发行股份的方式购买段武杰等6名股东合计持有的易事达100%股权，并募集配套资金。经交易各方协商，段武杰等6名股东合计持有的易事达100%股权交易作价48895万元，上市公司将以现金及发行股份的方式向易事达股东支付交易对价。其中，上市公司将以现金方式支付交易对价中的14668.50万元（现金来源为本次募集配套资金）；以发行股份方式支付交易对价中的34226.50万元，按31元/股的

---

[1] 本节参考《深圳市联建光电股份有限公司拟收购深圳市易事达电子股份有限公司100%股权涉及的该公司股东全部权益价值项目资产评估报告》。

发股价格计算，支付现金及发行股份数如表4-26所示。

表4-26　交易情况

序号	易事达股东	持有易事达股权比例	交易对价（万元）	支付方式	
				现金（万元）	股份（股）
1	段武杰	52.27%	25222.79	3886.98	6882519
2	周继科	24.60%	11869.56	1829.17	3238835
3	钟山九鼎	9.76%	5098.42	5098.42	—
4	华信兄弟	6.41%	3132.21	939.67	707270
5	湛卢九鼎	5.04%	2632.36	2632.36	—
6	张鹏	1.92%	939.66	281.90	212180
合计		100.00%	48895.00	14668.50	11040804

资料来源：全国中小企业股份转让系统

二、交易双方概况

1. 联建光电基本概况

（1）公司基本信息。

表4-27　公司基本信息

公司名称	深圳市联建光电股份有限公司
公司英文名称	Shenzhen Liantronics Co., Ltd.
股票上市地	深圳证券交易所
证券代码	300269
证券简称	联建光电
注册地址	深圳市宝安区68区留仙三路安通达工业厂区四号厂房2楼
办公地址	深圳市宝安区68区留仙三路安通达工业厂区四号厂房2楼
注册资本	17319.52万元
法定代表人	刘虎军
营业执照注册号	440301102827108
邮政编码	518101
联系电话	0755-29746682
传真	0755-29746765

（续表）

公司网站	http://www.lcjh.com/
经营范围	发光二极管（LED）显示屏及其应用产品的生产、销售；发光二极管（LED）显示屏的租赁、安装和售后服务；国内商业、物资供销业（不含专营、专控、专卖商品）；电子产品的技术开发（不含限制项目）；经营进出口业务（具体按深贸管登证字第2003-738号资格证书办理）；从事广告业务（法律、行政法规规定应进行广告经营审批登记的，另行办理审批登记后方可经营）

资料来源：全国中小企业股份转让系统

（2）公司主营业务情况。

上市之初，联建光电是一家中高端 LED 显示应用产品的系统方案提供商，主要为客户提供包括方案设计、产品制造、工程服务、技术支持和产品租赁在内的"产品+服务"的系统解决方案，是国内中高端LED全彩显示应用行业的领军企业之一。近年来，为应对LED市场增长放缓及市场竞争加剧的风险，公司在原有主营业务的基础上，基于先进的LED 显示屏制造技术以及与下游媒体主的业务合作关系，积极向下游广告传媒行业进行纵向拓展。2012年6月，公司设立联动文化，致力于打造全国城市地标户外LED 广告联播网，截至2014年6月，联动文化自有LED 大屏媒体数量达80多块，都市数字媒体平台规模行业领先。2014年4月，公司完成收购分时传媒100%股权，分时传媒是中国户外广告行业内的领先企业之一，通过多年户外广告服务经验的积累，首创户外广告"分时"投放模式，并开发出e-TSM 户外媒体资源管理系统，为客户实现更快速、更高效的户外广告投放提供有效的信息支持。收购完成后，上市公司实现了LED 显示业务和户外广告传媒业务双线协同发展，传播集团架构初具雏形。

（3）公司财务数据。

表4-28　资产负债表 单位：亿元

项目	2015年9月30日	2014年12月31日
资产总额	31.60	20.52
负债总额	5.86	4.86
归属于母公司所有者权益	25.74	15.67

资料来源：全国中小企业股份转让系统

表4-29　利润表　　　　　　　　　　　　　　　单位：亿元

项目	2015年9月30日	2014年12月31日
营业收入	10.88	9.70
利润总额	1.98	1.62
归属于母公司股东的净利润	1.61	1.34

资料来源：全国中小企业股份转让系统

表4-30　主要财务指标

项目	2015年9月30日	2014年12月31日
流动比率	1.96	2.19
资产负债率	18.55%	23.67%
每股收益（元）	0.33	0.87
加权平均净资产收益率	6.94%	11.05%

资料来源：全国中小企业股份转让系统

2. 易事达基本概况

（1）公司基本信息。

表4-31　公司基本情况

公司名称	深圳市易事达电子股份有限公司
公司类型	股份有限公司
公司住所	深圳市宝安区观澜街道大和社区易事达宝益成科技园B栋
办公地址	深圳市宝安区观澜街道大和社区易事达宝益成科技园B栋
法定代表人	段武杰
注册资本	7500万元
实收资本	7500万元
营业执照注册号	440306103172437
税务登记证号	深税登字44030066100253x 号
组织机构代码	66100253-X
经营范围	LED 显示屏、LED 照明灯具、LED 路灯等应用产品及周边产品的技术开发、生产和销售；提供LED 显示屏、LED 照明应用产品、周边产品的节能技术服务；合同能源管理；投资兴办实业（具体项目另行申报）；电子产品及计算机软件的研发与销售；国内贸易（不含专营、专控、专卖商品），经营进出口业务（法律、行政法规、国务院决定禁止的项目除外，限制的项目须取得许可后方可经营）
成立日期	2007年4月23日（2012年9月21日变更为股份有限公司）
营业期限	2007年4月23日至永久

资料来源：全国中小企业股份转让系统

（2）公司主营业务情况。

自成立以来，易事达致力于为国内外客户提供高质量、高性能的LED显示应用产品及解决方案，主要从事LED高清节能全彩显示屏产品的研发、设计、生产和销售，是国内领先的LED显示方案专业服务商。易事达生产的LED全彩显示屏可广泛应用于广告媒体、展览展示、舞台演艺、大型体育场馆、大型商场（大卖场）、大型市政广场、机场、地铁站等领域，其业务主要面向海外市场。截至目前，易事达生产的LED全彩显示屏已销往欧盟、美国、巴西、中东、日本等100多个国家和地区，出口额位于我国LED显示应用行业前列。此外，为把握LED照明行业的市场机遇，易事达从2010年开始生产并销售LED照明产品，但该部分业务一直占比较低。

（3）公司财务数据。

表4-32　资产负债表　　　　　　　　　单位：万元

项目	2014年6月30日	2013年12月31日	2012年12月31日
流动资产合计	26212.95	19330.36	14766.65
非流动资产合计	2826.86	2864.10	1607.88
资产总计	29039.81	22194.46	16374.52
流动负债合计	12591.17	8262.63	6949.18
非流动负债合计	927.28	927.28	—
负债总计	13518.45	9189.91	6949.18
归属母公司股东的权益	15521.36	13004.55	9425.34
所有者权益总计	15521.36	13004.55	9425.34

资料来源：全国中小企业股份转让系统

表4-33　利润表　　　　　　　　　单位：万元

项目	2014年1—6月	2013年	2012年
营业总收入	14699.35	28938.38	28169.88
营业成本	8948.82	19015.63	18175.72
营业利润	2929.38	3877.59	3796.05
净利润	2516.80	3579.21	3211.16
归属于母公司股东的净利润	2516.80	3579.21	3211.16

资料来源：全国中小企业股份转让系统

表4-34　主要财务指标

单位：万元

项目	2014年1—6月	2013年	2012年
资产负债率	46.55%	41.41%	42.44%
毛利率	39.12%	34.29%	35.48%
净利润率	17.12%	12.37%	11.40%

资料来源：全国中小企业股份转让系统

注：易事达于2015年2月终止挂牌，故财务数据截至2014年年中。

三、交易背景和目的

1. 本次交易的背景

（1）联建光电将建设传播集团确定为重点发展方向。

在对分时传媒收购完成后，上市公司梳理了自身发展战略和组织架构，决定打造"二产三产融合、软件硬件一体"的品牌传播平台，并通过外延式发展与内生式增长，快速推进公司转型升级，实现实力提升。

近年来，国家出台了一系列政策大力支持文化产业的发展。2011年3月发布的《国民经济和社会发展第十二个五年规划纲要》明确提出要推动文化产业成为国民经济支柱性产业。同时，国家相关部委陆续发布了《文化产业振兴规划》《中共中央关于深化文化体制改革、推动社会主义文化大发展大繁荣若干重大问题的决定》《国家"十二五"时期文化改革发展规划纲要》《国务院关于促进信息消费扩大内需的若干意见》等多项扶持文化产业的配套政策、文件，鼓励推动跨地区、跨行业整合或重组，壮大企业规模，提高集约化经营水平，促进文化领域资源整合和结构调整。在此背景下，文化传媒产业面临巨大的发展机遇，本公司也将传播业务确立为重点发展方向。

（2）数字传播和互动营销在传播领域崭露头角。

随着信息技术的不断进步，互联网、移动互联、大数据等数字领域广告和公关创意传播的市场份额不断提升，而传统的报纸、广播甚至电视广告份额呈下降趋势，数字营销和数字化传播不断崛起，成为传播行业的重要增长点。同时，LED大屏广告等具备数字化特征的新兴媒体也呈现快速发展态势。营销方式和传播手段的数字化，已经逐渐兴起。由于传统媒体更多采取单向浸入、强迫视听等手段，试图以劝服方式击中目标受众，单向规范受众，在受众主导性逐渐增强、对传播体验要求日益提高的现实环境下，传播效果未必理想；而互动营销则通过灵活的互动传播手段，形成与受众的双向沟通，具备表现力丰富、沟通效率高等特点，有利于个性化传播和精准投放，逐渐受到广告经营者和广告主的重视。

（3）上市公司具备良好的数字行业基因。

上市之初，联建光电是一家中高端LED显示应用产品的系统方案提供商，属于数字产品制造商，并拥有深厚的数字行业经营背景和技术积淀。行业属性决定思维方式，上市后，联建光电进入LED广告运营领域，仍然遵循了技术先行的经营思路，立足于LED显示应用的产品技术，创新开发了集群播控系统与实时联网监播平台，统一管理LED数字广告的上刊流程和节目资源，实现了LED数字广告媒体的远程控制和集中调配。依托于技术先导的经营模式，联建光电的LED广告联播网具备更强的节目联动、多屏互动能力，传播能力明显提升。

2014年上半年，上市公司收购了户外广告代理商分时传媒。分时传媒的户外大牌广告业务，主要依托于e-TSM系统开展，该系统整合了海量户外媒体信息，可以指导广告主实现快速、高效的广告多点精准投放。数字化的e-TSM广告信息管理系统，为分时传媒提供了独特的经营模式和竞争优势。未来，分时传媒拟进一步挖掘系统潜力，开放更多增值服务功能，为客户的精准营销和广告投放提供更为精确的数据支持。

（4）外延式扩张方式是上市公司确立的重要举措。

为积极推进公司的发展战略，联建光电将继续采取内生式成长与外延式扩张的双重举措实现向这一目标的迈进。公司的内生式成长战略主要以既有业务为载体，通过强化内部运营能力，提高运营效率，加强销售拓展等手段，增强公司现有业务的竞争能力和销售规模；外延式扩张战略则主要是通过并购具有一定业务优势、核心竞争力、能够与公司现有业务产生协同效应的相关标的公司的方式实现，既包括在LED应用行业的横向扩张，也包括在文化传媒行业的纵深并购。

2014年上半年，上市公司通过外延式扩张的方式成功收购了分时传媒100%股权，实现了业务规模和盈利能力的快速提升，在资本市场形成良好反响。一方面，伴随并购活动，上市公司及其并购标的在行业内知名度大大提升，有利于促进各自业务的发展；另一方面，上市公司这种内生式增长与外延式扩张相结合的发展模式也被投资者所认同，公司市值得到较大提升。

（5）易事达与公司LED业务之间存在协同性和互补性。

易事达的主要目标市场为海外市场，近年来与联建光电在海外市场的竞争趋于激烈。由于两家公司的产品线较为相近，在海外市场的销售规模、口碑品牌等方面具有一定的相似度，二者之间存在较为直接的竞争关系。联建光电和易事达在业务经营方面又各有特点，易事达以快速的客户响应和贴身式服务能力占优，而联建光电则以技术研发和制造工艺见长。如果联建光电和易事达横向联合，不但可以减轻同业间竞争压力，还能各取所长，实现协同增长。同时，易事达具有轻资产特点，通过良好的服务赢得客户认可，属于偏重服务的制造业企业，而联建光电则拥有实力强劲的制造基地，属于偏重生产的制造业企业，二者的结合，将使各自特长得以发挥，产销能显著增强。

2. 本次交易的目的

（1）巩固和提升LED显示应用领域的竞争优势。

LED显示应用业务是上市公司的传统优势业务，也是上市公司作为传播集团的特色业务。借助联建光电在LED显示应用领域多年的运营经验和对数字技术方面的长期积累，可以为上市公司建设传播集团的实践提供坚实供应链支持和软硬件技术储备。易事达拥有强大的LED显示屏海外销售能力，其海外出口量居行业前列。虽然属于制造业，但其净资产尤其是固定资产规模较低，属于营销能力突出的轻资产型公司。通过收购易事达，上市公司在LED显示应用领域的海外竞争实力将显著增强，同时联建光电和易事达在产品研发以及日常运营中可以减少大量的重复建设，避免资源浪费，进一步优化资源配置，有效巩固和提升硬件和软件各领域的优势。

（2）收购优质资产，提升上市公司的现有业务规模和盈利水平。

根据易事达以及上市公司经审计的2013年、2014年1—6月的财务数据，易事达的营业收入分别相当于同期上市公司营业收入的49.42%和43.30%，归属于母公司股东净利润分别相当于同期上市公司归属于母公司股东净利润的220.03%和81.13%。本次交易完成后，上市公司的现有业务规模将得到大幅提升，盈利水平得到显著增强。

（3）加速产业整合，充分发挥上市公司与标的公司之间的协同效应。

①强强联合，销售协同。

上市公司 LED 显示业务在国内市场尤其是国内广告行业市场开拓方面较为领先，并正在积极布局海外市场；而易事达LED 显示业务主要面向国际市场，在国际市场开拓方面经验丰富，产品出口额位于我国LED 显示应用行业前列。由于两家公司的产品线较为相近，在海外市场的销售规模、口碑品牌等有一定相似度，二者之间存在非常直接的竞争关系。通过本次交易，联建光电有限和易事达横向联合，可以直接减轻双方之间的竞争压力，并能形成经营合力，从而更好地向海外市场的领先厂商发起冲击，赢得更大的市场份额。本次交易完成后，上市公司在国内市场和国际市场均将占有较高市场份额，上市公司在LED 显示屏制造领域的市场地位和竞争力将进一步提升。

②研发生产环节的协同。

经过多年发展，上市公司与易事达均拥有较强的LED显示应用产品技术，并在不同研发领域处于领先地位，如上市公司拥有V•me 微密小间距技术、无缝拼接技术，易事达拥有高精度匹配技术、高刷新显示技术、消隐控制技术等。通过本次交易，双方在研发生产环节可实现较高的协同效应，一方面，有利于双方节约各自的研发、生产成本；另一方面，双方的技术通过融合得以进一步优化，公司凭借领先的技术能够为客户提供更加完备的系统解决方案。此外，联建光电有限依托上市平台，拥有更强的资金实力，在研发投入和生产线自动化水平方面，较易事达具有一定优势，公司将利用自身的先进技术和制造经验为易事达的进一步发展提供支撑。

③优化资源配置，发挥规模经济效应。

根据IPO募集资金的投资计划，2013年底联建光电LED应用产品产业化项目的二期工程达到可使用状态，项目产能将随订单需求逐渐释放，项目效益将逐步实现。而易事达的固定资产规模较小，自动化水平和产能规模均低于联建光电有限，上市公司的新增产能也能得到更充分的利用，有利于双方减少重复建设，避免资源浪费，推动资源优化配置。

此外，由于双方在技术研发、市场推广、员工培训、供应链调配等方面均可共享资源，随着双方总体产销规模的扩大，规模经济效应将进一步得以发挥。

四、被收购方评估

1. 评估过程

（1）接受委托。

资产评估公司经与委托方洽谈沟通，了解委估资产基本情况，明确评估目的、评估对象与评估范围、评估基准日等评估业务基本事项，经综合分析专业胜任能力和独立性和评价业务风险，确定接受委托，签订业务约定书。针对具体情况，确定评估价值类型，了解可能会影响评估业务和评估结论的评估假设和限制条件，拟订评估工作计划，组织评估工作团队。

（2）资产核实指导。

被评估单位清查资产、准备评估资料，以此为基础，对评估范围内的资产进行核实，对其法律权属状况给予必要的关注，对收集获取的评估资料进行审阅、核查、验证。

（3）评定估算。

根据评估对象、价值类型、资料收集情况等相关条件，选择适当的评估方法。结合所掌握的评估资料，开展市场调研，收集相关市场信息，确定取价依据，进行评定估算。

（4）出具报告。

对评估结果进行汇总、复核、分析、判断、完善，形成评估结论。撰写评估报告，经内部审核，在与委托方和相关当事方就评估报告有关内容进行必要沟通后，出具正式评估报告。

2. 评估方法

（1）评估方法的选择。

根据《资产评估准则——企业价值》（中评协〔2011〕227号），注册资产评估师执行企业价值评估业务，应当根据评估目的、评估对象、价值类型、资料收集情况等相关条件，分析收益法、市场法和资产基础法三种资产评估基本方法的适用性，恰当选择一种或多种资产评估基本方法。根据《上市公司重大资产重组管理办法》（中国证券监督管理委员会令53号）的有关规定，重大资产重组中相关资产以资产评估结果作为定价依据的，资产评估机构原则上应当采取两种以上评估方法进行评估，并在评估报告中列示，依据实际状况充分、全面分析后，确定其中一个评估结果作为评估报告使用结果。

经过调查了解，评估人员根据本次评估目的和评估对象的特点，被评估单位委估资产与经营收益之间存在一定的比例关系并可以量化，未来收益可以预测，因此可以采用收益法进行评估。由于被评估单位的各项资产和负债均可单独评估，具备进行资产基础法评估的条件，因此可以采用资产基础法进行评估。被评估单位属非上市公司，且与被评估单位相关行业、相关规模企业转让股权的公开交易案例无法取得，而且无合适的参考企业，故本次评估不具备采用市场法的适用条件。因此，本次评估采用收益法和资产基础法进行评估。

（2）收益法。

收益法是指将预期收益资本化或者折现，确定评估对象价值的评估方法。收益法常用的具体方法包括股利折现法和现金流量折现法。本次评估采用现金流折现法中的企业自由现金流折现模型。具体方法为：以加权资本成本作为折现率，将未来各年的预计企业自由现金流折现加和得到经营性资产价值，再加上溢余资产和非经营性资产的价值，得到企业整体资产价值，减去付息债务价值后，得到股东全部权益价值。基本公式如下：股东全部权益价值=经营性资产价值-付息债务价值+非经营性资产价值-非经营性负债价值+溢余资产价值。

（3）资产基础法。

资产基础法是指以被评估企业评估基准日的资产负债表为基础，合理评估企业表内及表外各项资产、负债价值，确定评估对象价值的评估方法。在运用资产基础法进行企业价值评估时，各项资产的价值是根据其具体情况选用适当的具体评估方法得出的。本次评估涉及的具体评估方法如下。

①流动资产。

a. 流动资产中货币资金根据企业提供的各项目的明细表，以审查核实的账面值确定评估值。

b. 应收账款、预付账款、其他应收款主要根据被评估单位提供的各科目的评估明细表作为评估基础，核对会计资料，并进行函证，具体分析数额、欠款时间和原因、款项回收情况、坏账历史情况等，采用账龄分析法与个别认定法相结合的方法，估算出评估风险损失，扣除后的余额分别作为各应收款项的评估值。

c. 存货。本次评估存货主要包括原材料、产成品、在产品和发出商品。

• 原材料。

原材料的评估主要是在核实了相关存货的凭证及市场资料的基础上，确定原材料均为可正常使用状况，按评估基准日原材料市场价乘以核实的库存数量得出其评估价值。

• 产成品。

产成品的评估主要是在核对总账、明细账和报表一致的基础上，核实相关存货的凭证及市场资料，对于正常销售的产成品可以用基准日时的售价扣除销售税金及附加、销售费用、所得税、适当的税后利润，再乘以核实的库存数量得出其评估价值。由于被评估单位产品有很大比例均用于出口，因此上述售价均为含税售价。

• 在产品。

在产品包括半成品和在制品两部分。其中半成品分两种情况，一种是用于继续加工出产成品再进行销售，另一种是用于直接销售。在制品指在生产线上尚未形成半成品的产品。对于上述在产品的评估，在核对总账、明细账和报表一致的基础上，核实了相关存货的凭证及市场资料，对于可正常销售的半成品我们用基准日时的售价扣除销售税金及附加、销售费用、所得税、全部的税后利润，再乘以核实的库存数量得出其评估价值；在制品不能用于直接销售，也较难确认完工百分比，但容易还原为原材料，故本次评估按评估基准日原材料市场价格乘以核实的库存数量得出其评估价值。

• 发出商品。

对于发出商品的评估，评估人员在核对总账、明细账和报表一致的基础上，核实了相关存货的凭证及市场资料，并对大额销售合同进行函证，用核实后的合同价确定其评估价值。

d. 交易性金融资产。

委估交易性金融资产为两笔50万美元远期结汇产生的金融资产公允价值变动。评估人员按照评估程序，核对相关凭证和合同，确定真实性、准确性。查阅了评估基准日当日一个月和两个月50万美元远期结汇汇率，与合同约定汇率进行比较，确定上述汇差即为金融资产公允价值变动，即交易性金融资产的评估价值。

e.其他流动资产。

其他流动资产的核算内容主要是尚未摊销的通信费、保险费和业务宣传费。评估人员在核对总账、明细账和报表一致后，按项核实了发生的时间、内容，并查阅了合同，以确认基准日账面价值真实、准确，在核实无误的基础上，最终确定以核实后的账面值作为其他流动资产的评估值。

②长期股权投资。

对于长期股权投资，首先需了解具体投资形式、收益获取方式和占被投资单位资本的比重，由于被评估单位的长期股权投资仅包括其对湖南易事达光电科技有限公司的长期股权投资，持股比例为100%，因此，对长期股权投资的评估，主要是通过现场实地核查被投资单位资产和负债，进行整体评估，确定被投资单位在评估基准日的股东全部权益价值，再根据股权投资比例计算确定评估值。

③设备类资产。

本次设备类固定资产的评估以资产按照现行用途继续使用为假设前提，采用成本法进行评估。原因如下：第一，对于市场法而言，由于在选取参照物方面具有极大难度，且由于市场公开资料较缺乏，故本次评估不采纳市场法进行评估；第二，对于收益法而言，委估设备均不具有独立运营能力或者独立获利能力，故也不易采用收益法进行评估。

根据中华人民共和国国务院令第538号《中华人民共和国增值税暂行条例》规定自2009年1月1日起有关行业的企业将采用消费型增值税体制代替生产型增值税体制，在消费型增值税体制下，企业购置的固定资产所含的增值税将可以在企业产品销售所缴纳的增量增值税中进行抵扣，当年不能抵扣的可以结转下年。因此，根据该文件的精神，本次评估采用的基本计算公式为：

评估价值=（重置全价-可抵扣增值税）×综合成新率

④无形资产。

无形资产主要包括两大类，一类是被评估单位外购的工具软件，对于这类工具软件的评估主要通过网上调查和了解部分销售机构相关报价确定其评估值；而对于部分已经不再销售，或者无法查询到销售价格的软件，以替代软件确定其销售价格并考虑适当升级费用后确定其评估值。另一类是企业自研获得的无形资产，主要包括专利和商标，对于专利类无形资产，主要考虑该项专利的研发费用，如研发期间研发人员工资、相关设备折旧、材料费及申请费等；对于有关商标权，由于企业产品设计商标较少，委估商标均为保护性商标，因此仅考虑有关的商标申请费。

⑤负债。

负债的评估按评估基准日产权所有者实际需要承担的负债金额确定评估值。

3. 评估假设

（1）基本假设。

①交易假设。

交易假设是假定所有待评估资产已经处在交易过程中，评估师根据待评估资产的交易条件等模拟市场进行估价。

②公开市场假设。

公开市场假设是假定待评估资产在公开市场中进行交易，从而实现其市场价值。资产的市场价值受市场机制的制约并由市场行情决定，而不是由个别交易决定。这里的公开市场是指充分发达与完善的市场条件，是一个有自愿的买者和卖者的竞争性市场，在这个市场上，买者和卖者的地位是平等的，彼此都有获得足够市场信息的机会和时间，买卖双方的交易行为都是在自愿的、理智的，而非强制或不受限制的条件下进行的。

③在用续用假设。

在用续用假设是假定处于使用中的待评估资产在产权变动发生后或资产业务发生后，将按其现时的使用用途及方式继续使用下去。

（2）具体假设。

①假设国家现行的有关法律法规及政策、国家宏观经济形势无重大变化，本次交易各方所处地区的政治、经济和社会环境无重大变化。

②假设企业持续经营。

③假设公司的经营者是尽职的，且公司管理层有能力担当其职务。

④除非另有说明，假设公司完全遵守所有有关的法律法规。

⑤假设公司未来将采取的会计政策和编写此份报告时所采用的会计政策

在重要方面基本一致。

⑥假设公司在现有的管理方式和管理水平的基础上，经营范围、经营模式与目前方向保持一致。

⑦假设利率、汇率、赋税基准及税率、政策性收费等不发生重大变化。

⑧假设无其他人力不可抗拒及不可预见因素对企业造成重大不利影响。

⑨被评估单位高新技术企业认证2013年底已到期，目前企业已经开始新一轮的高新技术企业认证申请，根据委托方的经营现状，假设企业能够在未来年度按时取得有关的高新技术企业认证证书。根据资产评估的要求，认定这些假设条件在评估基准日时成立，当未来经济环境发生较大变化时，将不承担由于假设条件改变而推导出不同评估结论的责任。

4. 评估结论

（1）收益法评估结果。

评估结论根据以上评估工作得出，截至评估基准日2014年6月30日，深圳市易事达电子股份有限公司的股东全部权益的评估价值为人民币55483.17万元。

（2）资产基础法评估结果。

在评估基准日2014年6月30日，深圳市易事达电子股份有限公司资产账面价值为28297.62万元，负债账面价值为12589.21万元，股东全部权益账面价值为15708.41万元；资产评估价值为33093.20万元，负债评估价值为12589.21万元，股东全部权益评估价值为20503.99万元。资产评估值比账面值增值4795.58万元，增值率为16.95%；股东全部权益评估值比账面值增值4795.58万元，增值率为30.53%。评估结论详细情况见表4-35。

表4-35　资产评估结果汇总表（资产基础法）　　　单位：万元

项目	账面价值	评估价值	增减值	增值率
	A	B	C=B-A	D=C/A×100%
流动资产	26724.10	27989.67	1265.57	4.74%
非流动资产	1573.52	5103.53	3530.01	224.34%
长期股权投资	200.00	972.84	772.84	386.42%
固定资产	1192.77	1207.06	14.29	1.20%
无形资产	109.37	2852.25	2742.88	2507.89%
递延所得税	71.38	71.38	0.00	0.00%

（续表）

项 目	账面价值	评估价值	增减值	增值率
	A	B	C=B-A	D=C/A×100%
资产总计	28297.62	33093.20	4795.58	16.95%
流动负债	12589.21	12589.21	0.00	0.00%
负债总计	12589.21	12589.21	0.00	0.00%
净资产（所有者权益）	15708.41	20503.99	4795.58	30.53%

资料来源：全国中小企业股份转让系统

（3）两种评估结果的差异及其原因。

股东全部权益的两种评估结果的差异如表4-36所示。

表4-36　评估结果对比　　　　　　单位：万元

评估方法	股东全部权益账面值	股东全部权益评估值	增值额	增值率
收益法	15708.41	55483.17	39774.76	253.21%
资产基础法		20503.99	4795.58	30.53%
差异额		34979.18	—	—

资料来源：全国中小企业股份转让系统

差异原因主要在于：由于思路、参数选择均有不同，即使采用两种方法评估同一企业，结果也有不同。收益法的采用存在很多优点，如企业价值最大化是建立在综合考虑的前提下，并使企业的战略目标从长远角度出发，通过价值评估，可以对企业价值进行定量描述，根据企业价值变动，判断企业价值何时达到最大化，收益法评估是以资产的预期收益为价值标准，反映的是资产的产出能力（获利能力）的大小，这种获利能力通常将受到宏观经济、政府控制以及资产的有效使用等多种条件的影响；采用资产基础法评估所得出的结论是各资产价值的加和，从投入角度考虑资产作为生产要素的购建成本，是以资产的成本重置为价值标准，反映的是资产投入（购建成本）所耗费的社会必要劳动。因此两种评估方法的评估结论存在差异。

（4）最终评估结论。

整体资产与单项资产的主要区别在于整体性资产具有综合获利能力，而资产基础法模糊了单项资产与整体资产的区别。用资产基础法评估，只能根据单项资产加和的价格确定评估值，而无法评估其获利能力。实际上，企业的各单项资产需投入大量的人力资源以及规范的组织结构来进行正常的生产经营，资产基础法无法反映这种将单项资产组织起来的无形资产，最终不可避免的产生遗漏。采用资产基础法难以真实反映资产的经营效果，不能很好地体现资产评估的评价功能。收益法是一种着眼于未来的评估方法，它主要考虑资产的未来收益和货币的时间价值。收益法评估是以资产的预期收益为价值标准，反映的是资产的产出能力（获利能力）的大小，而对于被评估公司这类技术密集型的企业，企业价值主要通过其产品的获利能力得以体现，并非由有关资产的投入决定。因此权衡两种方法的评估结果，我们认为收益法更能体现深圳市易事达电子股份有限公司在评估基准日的市场价值，故采用收益法评估结果作为最终评估结论。因此最终评估结论如下：在评估基准日2014年6月30日，深圳市易事达电子股份有限公司的股东全部权益的评估价值为人民币55483.17万元。

本案例中，易事达盈利能力强劲，根据易事达以及上市公司经审计的2013年、2014年1—6月的财务数据，易事达的营业收入分别相当于同期上市公司营业收入的49.42%和43.30%，归属于母公司股东净利润分别相当于同期上市公司归属于母公司股东净利润的220.03%和81.13%。本次并购大大提升了上市公司的现有业务规模，显著增强了其盈利水平。

第六节
并购金额最大：大智慧并购湘财证券[①]

一、交易情况简介

根据大智慧及其全资子公司财汇科技与新湖控股、国网英大、新湖中宝、山西和信、华升股份等16家公司签署的《发行股份及支付现金购买资产协议》，财汇科技拟以现金方式购买新湖控股持有的湘财证券111903956股股

---

① 本节参考《上海大智慧股份有限公司及全资子公司上海大智慧财汇科技有限公司拟通过向湘财证券全体股东非公开发行大智慧股份及支付现金的方式购买湘财证券100%股权项目资产评估报告》。

份（占总股本3.5%）；大智慧拟向新湖控股、国网英大、新湖中宝、山西和信、华升股份等16家公司以发行股份的方式购买其持有的湘财证券3085351922股份（占总股本96.5%）。

同时为提高本次交易整合绩效，公司拟向不超过10名其他特定投资者发行股份募集配套资金，配套资金将用于湘财证券增加资本金、补充营运资金，配套资金不超过270000万元。

本次交易完成后，大智慧及其全资子公司财汇科技将合计持有湘财证券100%股权。

二、交易双方概况

1. 智慧基本概况

（1）公司基本信息。

表4-37　公司基本信息

中文名称	上海大智慧股份有限公司
英文名称	Shanghai DZH Limited
注册资本	人民币198770万元
法定代表人	张长虹
成立日期	2000年12月14日
注册地址	上海市张江高科技园区郭守敬路498号浦东软件园14幢22301-130座
办公地址	上海市浦东新区杨高南路428号1号
邮政编码	200127
电话	021-20219261
传真	021-33848922
互联网网址	http://www.gw.com.cn
电子信箱	Ir@gw.com.cn
经营范围	计算机软件服务，第二类增值电信业务中的信息服务业务（不含固定网电话信息服务），互联网证券期货信息类视听节目，计算机系统服务，数据处理，计算机、软件及辅助设备的零售，网络测试、网络运行维护，房地产资讯（不得从事经纪），自有房屋租赁，会议服务、创意服务、动漫设计，设计、制作各类广告，利用自有媒体发布公告，网络科技（不得从事科技中介），投资咨询，企业策划设计，电视节目制作、发行。（依法须经批准的项目，经相关部门批准后方可开展经营活动）

资料来源：全国中小企业股份转让系统

（2）公司主营业务情况。

2014年，随着"互联网+"概念的不断深入，互联网及移动互联网深度介入金融信息服务业及金融业，新技术、新模式、新业态层出不穷，金融信息服务行业的原始边界逐渐消融，强调大用户、大平台、大数据的互联网金融成为主流；互联网金融的浪潮颠覆性地重塑了行业格局，具备天然垄断性的平台成为竞争的核心，一站式服务、跨界竞争、赢者通吃成为现实，行业竞争愈演愈烈；我国资本市场结构更加完善，资金供求双方的要求日益多层次化、个性化，与之相应，金融信息服务业继续深刻变革，朝着规模化、专业化、多层次方向发展。

公司从成立之初就专业从事互联网金融信息服务，与国内90%的券商及70%以上的营业部建立了业务合作关系，为券商提供行情、资讯、各类信息服务、行情服务器托管以及信息系统开发，在券商的业务需求及服务模式上积累了丰富的经验。公司上市以来更是加大了在云计算、大数据、无线互联及量化交易等方面的投入。

公司拥有前瞻性的国际板块布局。大智慧全资子公司香港阿斯达克网络是香港地区最大的金融信息服务商和财经网站，其旗下的全资子公司艾雅斯也是香港本土最大的交易柜台提供商。公司在新加坡及日本均收购信息服务商及交易服务商，有效打通了国际国内通道，为中国投资世界、世界投资中国提供便利服务。

在客户服务方面，大智慧上市以来加大了在云计算、大数据、无线互联及量化交易等方面的投入，拥有领先的技术水平，能稳定地向用户提供基于互联网时代大数据计算的有效服务；同时经过多年发展，大智慧已拥有专业理财顾问，可为用户7×24小时提供专业化的互联网理财服务，极大区别于其他具有垄断地位的互联网公司。

公司的互联网金融信息服务大用户平台与湘财证券将融合发展，发挥协同效应。双方将实现资源共享、优势互补。大智慧的互联网金融的客户群、在大数据方面的积累和服务能力及其互联网金融信息服务平台，将与湘财证券的传统券商业务进行结合，积极打造以用户需求为导向，以研究和资产管理为中心，集行情、资讯、在线开户、投资咨询、综合理财、在线交易等金融产品销售与服务为一体的互联网金融服务平台。

在互联网金融深度发展的背景下，2014年公司综合对行业态势、发展环境及自身特点的认识，加快转型升级，继续打造以大用户、大平台为基础的互联网金融。在公司聚集的2000万活跃用户大平台上，与证券、保险、信托、银行等各类金融业态进行多种形式的深度合作，同时积极参与新型互联网金融包括众筹、私募报价平台等服务，为用户提供一站式解决方案。

公司与湘财证券将深度融合发展，发挥协同效应，以用户需求为导向，以研究和资产管理为中心，集行情、资讯、在线开户、投资咨询、综合理财、在线交易等金融产品销售与服务为一体的互联网金融服务平台。

公司下一步将重点在创新发展模式和探索突破金融业传统边界和竞争格局方面发力，加快向规模化、专业化和一站式的大平台及互联网金融集团转型，努力打造成为一家大品牌级别的互联网金融集团。

大智慧将利用自身基于移动互联网领域的大平台、大数据、大用户优势，结合湘财证券在传统证券领域全牌照执业的金融服务能力，实现强强联手、优势资源互补，形成明显协同作用。一方面实现本公司所拥有的互联网大用户群向湘财证券的客户导流，同时使湘财证券获得强大的融资平台及大数据服务能力，放大双方核心优势产生乘数效应，实现整合价值最大化。

（3）公司财务数据。

表4-38　公司财务数据　　　　　　　　　　　　　　　　单位：亿元

主要会计数据	2015年9月30日	2014年12月31日
营业收入	4.33	8.20
利润总额	−1.21	1.80
净利润	−1.35	1.38
所有者权益	29.07	30.43
总资产	31.07	32.61

资料来源：全国中小企业股份转让系统

2. 湘财证券基本概况

（1）公司基本信息

表4-39 公司基本信息

公司名称	湘财证券股份有限公司
注册资本	319725.5878万元
法定代表人	林俊波
营业执照注册号	430000000011972
组织机构代码	18380084-3
税务登记证号码	430103183800843
成立日期	1996年8月2日
住所	湖南长沙湘府中路198号新南城商务中心A栋11楼
公司类型	股份有限公司（非上市）
经营范围	从事证券经纪；证券投资咨询；与证券交易、证券投资活动有关的财务顾问；证券承销与保荐；证券自营；证券资产管理；证券投资基金代销；融资融券业务；代销金融产品业务（在经营证券业务许可证核定的期限内开展上述业务）

资料来源：全国中小企业股份转让系统

（2）公司主营业务情况。

经中国证监会核准，湘财证券的主要业务包括：证券经纪；证券投资咨询；与证券交易、证券投资活动有关的财务顾问；证券承销与保荐；证券自营；证券资产管理；证券投资基金代销；融资融券；转融资；金融产品代销；债券质押式报价回购；股票质押式回购等。

①证券经纪业务。

a. 业务简介。

证券经纪业务即证券代理买卖业务，是证券公司通过其设立的证券营业网点在证券交易所的席位，接受客户委托，按照客户的要求，代理客户买卖证券的业务。我国证券公司从事经纪业务必须经中国证监会批准设立证券营业部（含证券服务部）或核准网上证券委托业务资格。

为进一步加强经纪业务管理，2009年6月2日，经中国证监会核准，湘财证券在上海设立了湘财证券经纪业务管理分公司。2010年起，湘财证券围绕"释放一线活力，强化一线责任"的经纪业务发展总体思路，全力推进经纪业务全面转型。经过不懈努力，湘财证券传统营业网点转型降耗工作取得实质性突破，经纪业务运营模式、服务模式、营销模式及业务结构发生了重大变化。

近年来，湘财证券以创新业务为突破口，先后取得了融资融券、转融资、债券质押式报价回购、约定式购回、股票质押式回购、金融产品代销等创新业务资格。以此为契机，湘财证券相继推出了一系列财富管理服务产品，突破传统经纪业务的服务模式，为客户提供高附加值的经纪服务，构建起了高效、专业的金融产品服务体系，可为投资者提供综合财富管理服务及金融产品服务，形成了差异化竞争优势。湘财证券经纪业务结构正在发生积极变化，传统经纪业务、资本中介业务及金融产品销售收入三分天下的收入格局已经初步形成。

b. 经营模式。

湘财证券的经纪业务主要依托现有53家营业部形成的网点销售。湘财证券目前正在以创新发展为主线，以客户需求为导向，以投资顾问、融资融券等信用交易及金融产品销售为依托，大力构建多元化营业网点，持续完善证券客户服务平台，完成从传统通道销售到财富管理的转型。

湘财证券建立了营销人员资格管理、合同管理、合规风险等管理制度及内控流程，搭建了营销合规管理体系，对投资顾问、客户经理和经纪人三大类营销人员实施差异化管理。近年来，湘财证券大力加强营销人员管理及业绩督导工作，持续精简客户经理，适度扩充投资顾问以及经纪人，目前已形成一支素质较高、结构合理、规模适中的专业营销团队。

湘财证券持续以客户分类管理为纵坐标，以网点、服务、产品等为横坐标，全力打造手机证券等金诺信移动证券客户服务平台，积极解决投资者在投资操作过程中遇到的难题，最大限度增加客户黏性。

为积极顺应证券市场变化，推动经纪业务转型、创新与发展，确保各项业务安全、高效运作，努力打造差异化的竞争优势，湘财证券在经纪总部下设综合管理部、运营管理中心、财富管理中心、网络金融部、金融产品销售中心、信用交易部六个部门，对经纪业务运营、客户服务、金融产品销售及融资融券业务进行管理。

湘财证券密切关注业内创新动态，积极申请创新业务试点资格，现已获得融资融券、转融资、债券质押式报价回购、股票质押式回购、约定购回、金融产品代销等创新业务资格。为确保在合规前提下快速推进各项创新业务，湘财证券根据市场环境变化和客户体验情况，采取了优化创新业务模式、放宽客户准入等一系列切实有效措施，业务运营平稳有序，业务规模稳步上升。

湘财证券建立了以销售集合资产管理计划为重点，信托产品、公募基金为补充的金融产品销售战略。湘财证券根据市场变化，成功发行了多支集合资产管理计划，并根据客户需求认真精选了信托产品、ETF等创新公募基金作为年度销售重点。

c.经营情况介绍。

2011年、2012年、2013年、2014年1—9月，湘财证券经纪业务交易量分别为9365.19亿元、10012.04亿元、15530.60亿元及15126.28亿元，市场份额分别为0.73%、0.71%、0.69%、0.70%。

2011年、2012年、2013年、2014年1—9月，湘财证券经纪业务收入为7.01亿元、5.03亿元、6.83亿元、5.23亿元。

②投资银行业务。

a.业务简介。

1999年，湘财证券经中国证监会批准成为全国首家综合类券商后，开始大力发展投行业务。2003年，湘财证券与法国里昂证券合资组建了首家中外合资证券公司——华欧国际证券有限责任公司（以下简称华欧国际），专注于投资银行业务。华欧国际成立后，承销保荐业务和股权分置改革业务在业界产生了良好影响，2006年湘财证券将华欧国际股权转让，停止了相关业务。2010年11月29日，湘财证券在北京设立了湘财证券有限责任公司北京承销与保荐分公司（以下简称投行分公司），重新开始拓展投资银行业务。投行分公司可为客户提供包括股权融资（IPO、增发、配股等）、债券融资（企业债、公司债、中小企业私募债、资产支持证券等）、财务顾问（改制、并购、重组、股权激励计划等）等服务。近年来，湘财证券大力加强投行分公司内部管理，积极转变业务思路，不断完善业务布局，各项业务平稳增长，接连获得由中国证券市场研究设计中心等机构联合评选的"2011年度最佳投行"，由证券时报主办评选的"2012年度最具成长性投行"综合奖和"2014年中国最佳私募债券承销商"等殊荣。

投行分公司管理团队及业务核心骨干大多具有多年的投行业务经验，熟悉国家相关法律、法规及政策，对宏观经济、监管政策有着充分的把握。团队成员80%以上具有硕士及以上学位，多人具有律师、注册会计师等专业资格，执业经验丰富、专业能力强,能够针对每一位客户的具体情况和需求,为客户量身设计解决问题的最佳方案。

此外,湘财证券一直积极参与中国多层次资本市场的建设,于2003年6月5日取得代办股份转让主办券商资格,获准从事股份代办转让业务。2012年1月17日,经中国证券业协会核准,湘财证券正式取得从事代办系统股份报价业务资格。湘财证券设立了场外市场部,专职负责开展代办股份转让和报价转让业务。

湘财证券投行分公司运营时间虽短短三年,但已确立了大投行的运作模式,储备了较为丰富的优质项目,服务培养了一批优质客户,获得了客户和市场的广泛认可,在业界形成了一定的影响力,为下阶段持续快速发展打下了良好的基础。

b. 经营模式。

湘财证券北京投行分公司在大投行运作模式下,为客户提供各类融资和财务顾问服务。在对客户开展服务的过程中,采取前后台职能适当分离、同时又相互支持的业务模式。目前设有股权业务部和固定收益部等业务部门与质量控制部、综合管理部、资本市场部等中后台支持部门。各业务部门分工协作,中后台部门提供全方位支持。

c. 经营情况介绍。

2011年、2012年、2013年和2014年1—9月,湘财证券投资银行业务收入分别为2032.30万元、3199.40万元、2491.33万元和5928.98万元。

③自营业务。

a. 业务简介。

自营投资业务,是证券公司使用自有资金或者合法筹集的资金以公司的名义买卖证券获取利润的证券业务。经中国证监会核准,2010年12月10日,湘财证券在上海设立湘财证券有限责任公司上海证券自营分公司(以下简称自营分公司),负责经营湘财证券自营业务。

湘财证券自营业务严格执行股东会及董事会制定的自营业务规模、风险资本限额及湘财证券相关制度规定,在实际操作中,注重合规风险隐患的揭示及操作风险控制,在严格控制风险的基础上,匹配风险与收益的关系,确保湘财证券资本金获得持续稳定的收益。

b. 经营模式。

湘财证券开展自营业务时，使用自有资金或者合法募集的资金，以湘财证券的名义投资于股票、债券、基金等证券产品。湘财证券在持有上述证券产品期间，因证券市值变动，可以取得公允价值变动收益；湘财证券在处置上述证券产品时，可以取得投资收益。

c. 经营情况介绍。

2011年、2012年、2013年、2014年1—9月，湘财证券自营业务的规模分别为85452.90万元、320911.79万元、233244.84万元、530331.03万元。

④资产管理业务。

a. 业务简介。

资产管理业务是指证券公司作为资产管理人，依照有关法律、法规及《证券公司客户资产管理业务试行办法》的规定与客户签订资产管理合同，根据约定的方式、条件、要求及限制，对客户资产进行经营，为客户提供证券及其他金融产品投资管理服务的行为。

经中国证监会核准，2012年2月14日，湘财证券在北京设立湘财证券有限责任公司北京资产管理分公司（以下简称资产管理分公司），负责经营全国范围内的证券资产管理业务，湘财证券资产管理业务主要包括集合资产管理业务和定向资产管理业务等。湘财证券资产管理业务自2012年实现平稳起步以来，经过不懈努力，在管理规模、产品布局及客户积累方面实现了长足发展，在业内形成了良好的口碑，综合竞争能力日益增强。

湘财证券资产管理专业团队主要骨干均来自国内一流的证券公司、基金公司，投资团队平均拥有10年以上境内市场投资经验，经历过完整的市场牛熊周期，过往投资业绩优秀。公司资产管理产品布局完善，投资范围丰富，产品类型涵盖保证金现金管理类、债券投资类、股票质押回购类、定向增发类、股票量化投资类、实体项目融资类等6类产品。未来，湘财证券将进一步完善资产管理产品线布局，大力提升投资管理能力。

b. 经营模式。

湘财证券主要通过位于各经济发达地区的营业网点和与各主要商业银行合作的渠道销售资产管理产品。湘财证券的资产管理业务主要依靠现有全国53家营业部和湘财证券资产管理分公司的专业营销团队进行销售，积极完善资产管理销售渠道建设，2012年至今与近40家机构建立了业务联系，进一步加大资产管理客户的拓展力度。

c. 经营情况介绍。

资产管理分公司以固定收益、量化投资、股票投资为三大产品主线，灵活运用分级等交易结构安排，开展资本市场的各类创新业务。

湘财证券2012年正式开展资产管理业务，截至2014年9月30日，资产管理分公司受托管理产品规模为284.47亿元，已经成立运作的集合资产管理计划12只；管理定向资产管理计划产品39只，涵盖主动投资管理业务及资管创新类业务。

⑤研究咨询业务。

a. 业务简介。

湘财证券研究所创立于2009年5月，以积极支持其内部业务发展、市场化服务外部投资机构为发展导向，现已构建了宏观策略研究、行业研究、金融工程与固定收益研究、销售交易等一系列专业研究服务部门，产品线囊括了公司报告、行业报告、宏观经济报告、投资策略报告、金融工程报告、基金债券报告、每日晨会纪要和新股研究等8大类，含38项细分行业研究产品，基本实现了行业研究的全覆盖。

b. 经营模式。

湘财证券的投资咨询业务主要通过对机构客户提供卖方服务的方式进行销售。研究所销售交易部已经建立较完善的客户销售渠道，2012年以来加大了对基金等机构客户的拓展与服务力度，依靠研究实力推动机构销售。

为进一步提高研究质量、建立研究特色，在行业研究方面，研究所已开始就投资者可能感兴趣的投资方向，开拓创新研究。对关联性行业进行跨行业、跨公司的整合性研究，加强重点行业研究、特色化研究和行业上下游联动研究，形成宏观、策略、行业的研究对接，通过研究平台服务机构客户和经纪客户。

c. 研究成果。

在《理财一周报》评选的2011年证券研究所十强榜中，湘财有限研究所以总积分14257.4分，在全部73家证券公司研究所中位列第4名；在"2011年证券分析师百强榜"中，湘财有限研究所有6位研究员入围，其中前5名入围两位；

同年，在搜狐开展的"金罗盘券商研究能力评测"中，湘财有限研究所获"金罗盘最佳券商研究团队"，短线收益全国排名第3，中长线收益全国排名第7；在《21世纪经济报道》主办的"2011年度中国券商奖"评选中，湘财有限研究所获"2011年度中国最佳证券公司研究所"大奖。在金融界"2012年行业分析师擂台——慧眼识券商"排行榜中，湘财有限研究所共有8个行业年度策略上榜，其中4个行业入围前3名；同时，在搜狐2012年"金罗盘券商研究能力测评"排行榜中，湘财有限研究所有4个行业共5名分析师荣获前三。其中建材行业、电力设备行业荣登金融界、搜狐双排行榜。在《证券市场周刊》"远见杯"2012年度宏观经济预测评比中，湘财有限研究所获得月度指标第一名。由"今日投资"举办的第九届《天眼中国最佳证券分析师》评选中，湘财有限医药行业研究员荣获"年度明星分析师"奖项，食品饮料行业研究员获"盈利预测最准分析师"第一名。

2013年，湘财证券持续加强研究业务内控工作，强化风控意识，确保报告用词谨慎、客观，共发表各类研究报告1765篇。经过四年的稳健发展，湘财证券研究业务市场影响力持续提升。在搜狐网主办的"2013年金罗盘券商研究能力评测"中，湘财证券家电行业研究员获评"行业最佳分析师"称号；在金融界主办的"2013年行业分析师擂台——慧眼识券商"排行榜中，湘财证券研究所团队获"2013最具潜力研究机构第三名"，共有6个行业年度策略上榜。在第九届"天眼中国最佳证券分析师评选"中，医药行业研究员获"年度明星分析师"，食品饮料行业研究员获该行业"最佳分析师"；在证券市场周刊"远见杯"宏观经济预测评比中，湘财证券研究所获"月度指标预测"第一名。另外，湘财证券研究所联合上海财经大学商学院，由湘财证券副总裁李康博士与上海财经大学商学院副院长骆玉鼎教授领衔8位研究人员共同撰写的研究报告《证券公司柜台市场做市商交易机制研究》获评中国证券业协会2013年重点课题研究优秀研究报告，并荣获上海金融业改革发展优秀研究成果一等奖。

2014年1月，湘财证券研究所团队获金融界"慧眼识券商"2013年最佳分析师量化评选最具潜力研究机构第三名，湘财证券共有6个行业年度策略上榜，其中：餐饮旅游行业、纺织服装行业排名第一，保险、医药行业排名第三，家电行业及建筑工程行业排名第四。

⑥融资融券业务。

a. 业务简介。

2012年5月16日，根据中国证监会《关于核准湘财证券有限责任公司融资融券业务资格的批复》（证监许可〔2012〕654号），湘财证券获准变更业务范围，增加融资融券业务。2012年6月11日湘财证券正式成为转常规后首批开展融资融券业务的券商之一。为满足客户的融资需求，湘财证券向中国证券金融公司申请并于2013年1月18日取得转融通借入人资格。随着市场需求的增长，融资融券业务发展迅猛，客户数量、业务规模和市场份额稳定上升。

b. 经营模式。

湘财证券在开展融资融券业务时，接受投资者提供的资金或证券作为质押，向投资者融出资金，供其买入证券，投资者须在约定的期限内偿还借款本金和利息；或者向投资者融出证券，投资者须在约定期限内买入证券归还湘财证券并支付相应的融券费用。

三、交易背景和目的

1. 本次交易的背景

（1）互联网金融发展前景广阔。

随着通信技术和互联网的发展，"互联网+"概念的提出和发展，传统金融业的经营模式发生巨大变化。传统金融业务与互联网的有效结合产生了互联网金融产业。金融业务是互联网金融的核心，互联网金融服务平台和大数据是互联网金融的发展基础。互联网金融的业态主要包括传统金融机构的业务创新和新型金融模式，传统金融机构的业务创新主要包括网上营业部、网上基金销售等；新型金融模式主要包括第三方支付、融资信息中介服务等。

在互联网金融高速发展背景下，证券行业也纷纷试水互联网金融。券商将传统证券业务的运营嫁接到互联网或移动互联网上，如网上开户、手机移动证券等；通过网上商城销售，如方正证券泉友会天猫商城旗舰店；自行搭建电子商务平台，以"金融超市"的形式销售资讯及金融产品。互联网券商的迅速发展，已成为我国金融行业发展的一个重要里程碑。

2014年3月5日，李克强总理在第十二届全国人民代表大会第二次会议代表国务院向大会作政府工作报告中指出，促进互联网金融健康发展，完善金融监管协调机制。2014年11月19日，李克强总理在国务院常务会议上提出建立资本市场小额再融资快速机制，开展股权众筹融资试点，鼓励互联网金融等更好地向"小微""三农"提供规范服务。上海市政府在其"中国上海"上公布《关于促进本市互联网金融产业健康发展的若干意见》，其中明确鼓励有条件的企业发展互联网金融业务、申请有关业务许可或经营资质，支持互联网金融企业在境内外多层次资本市场上市。截至目前，已有深圳、天津开发区、北京石景山区、北京海淀区、上海、广州越秀区等地出台了互联网金融意见，支持互联网金融产业健康发展。2015年1月4日，李克强总理莅临深圳前海，实地考察互联网金融行业的发展，并发出积极信号。这是总理继在政府工作报告中鼓励互联网金融健康发展作出表态后的又一重要举动。

互联网金融能产生巨大的社会效益。互联网金融可以达到与现在直接和间接融资一样的资源配置效率，在促进经济增长的同时，大幅减少交易成本。更为重要的是，互联网金融市场交易所引致出的巨大效益更加普惠于普通老百姓。因此，互联网金融发展前景广阔，将重构已有融资格局。

（2）深化金融体制改革和支持资本市场创新。

国家"十二五"规划纲要对深化金融体制和资本市场改革创新、更好地为加快转变经济发展方式服务作出了明确部署，在显著提高直接融资比重、加快完善多层次资本市场体系、充分发挥资本市场支持创新创业的机制优势、有效提升资本市场的支持和保障能力等方面提出了明确要求。2012年颁布的《金融业发展和改革"十二五"规划》从完善金融调控、优化组织体系、建设金融市场、深化金融改革、扩大对外开放、维护金融稳定、加强基础设施等七个方面，明确了"十二五"时期金融业发展和改革的重点任务。

2012年以来，我国证券行业改革新政陆续推出，行业监管向"放松管制、加强监管"方向转型，在此背景下，各类证券业务管制全面放松。经纪业务方面，佣金费率下降，代销金融产品范围扩大、分支机构监管权限下放、证券账户非现场开户等；投行业务方面，中小企业私募债的推出、"新三板"扩容、上市规则修订、新股发行体制改革等；资产管理业务方面，集合资产管理产品实行备案制、扩大投资范围、允许设计分级产品、允许理财产品相互转让等；资金类业务方面，自营业务投资范围进一步放开、约定购回业务试点范围扩大、转融资推出、直投业务和并购基金推出等。

2014年4月，由中国证监会与香港证监会刊发的联合公告宣布，决定开展沪港股票市场交易互联互通机制试点（简称沪港通），2014年11月17日，沪港通正式开通。这必将促使两个市场在监管制度、交易机制、产品创新等各个方面相互借鉴，加快内地市场的改革创新。截至目前，内地拥有经纪业务牌照的券商绝大部分已经申请开展沪港通业务。

2014年5月，中国证监会发布《关于进一步推进证券经营机构创新发展的意见》（证监发〔2014〕37号），明确指出"证券经营机构创新发展必须坚持服务实体经济，紧紧围绕实体经济的现实需求推进业务和产品创新；强调"必须坚持证券经营机构是创新主体，发挥市场机制作用，尊重证券经营机构的首创精神，激发创新活力，落实创新责任"。这表明制度改革、业务创新将是未来几年证券行业发展的主旋律，以业务创新为导向的市场化改革，将使得证券行业同质化经营、盈利模式趋同的竞争态势在未来2～3年时间内得以改善。

2014年11月19日，证监会正式发布了《证券公司及基金管理公司子公司资产证券化业务管理规定》及配套工作指引，取消事前行政审批，实行基金业协会事后备案和基础资产负面清单管理。备案制的实施将提升证券化产品的发行效率和降低发行综合成本，为资产证券化业务打开广阔的发展空间。19日，李克强总理在国务院常务会议上要求"抓紧出台股票发行注册制改革方案"，这是年内总理第二次对股票发行注册制表态。证监会已于11月末将发行注册制改革方案上报国务院。未来注册制下证监会发审委的权利下放券商，券商对上市公司的谈判力上升，能力强的券商可以充分发挥优势，对于证券行业是长期利好。

12月18日，中国证券业协会推出《私募股权众筹融资管理办法（试行）》并公开征求意见，股权众筹被正式纳入监管，根据新规，券商也获准参与股权众筹业务。12月末证券业协会就《证券公司直接投资业务子公司管理暂行规定（征求意见稿）》向各证券公司征求意见。新规旨在取消证券公司直投业务多项不必要的管制，赋予券商以子公司形式开展这项业务更多的自主权，同时明确了开展投资不能触碰法律法规和政策底线。从长期来看，新政是证券行业改革的一部分，将推动证券行业的健康发展。

（3）鼓励证券公司兼并重组。

2014年3月16日，国务院下发了《关于进一步优化企业兼并重组市场环境的意见》，意见明确指出"鼓励证券公司开展兼并重组""取消限制企业兼并重组和增加企业兼并重组负担的不合理规定，解决企业兼并重组面临的突出问题，引导和激励各种所有制企业自主、自愿参与兼并重组"。2014年5月9日，国务院又下发《关于进一步促进资本市场健康发展的若干意见》，明确"支持有条件的互联网企业参与资本市场，促进互联网金融健康发展，扩大资本市场服务的覆盖面。"为贯彻执行国务院上述《意见》，5月13日，证监会发布了《关于进一步推进证券经营机构创新发展的意见》，明确"放宽行业准入""推动金融服务协同发展""尊重证券经营机构的首创精神"等。这些文件传达出的信号极大地激发了证券公司的创新动力，整个行业的创新更加务实、有效。

本次湘财证券与大智慧重组，旨在充分发挥证券公司与互联网金融信息服务上市企业各自的优势，探索一种切实可行的互联网金融经营模式，进一步提升两家公司的经营能力。

2. 本次交易的目的

（1）进行深度战略合作，打造互联网金融服务平台。

作为国内互联网金融信息行业的龙头企业，公司上市以来加大了在大数据、云计算、无线互联及量化交易等方面的投入，公司拥有领先的技术水平，能稳定地向用户提供基于互联网时代大数据计算的有效服务，目前公司已拥有亿级注册用户及2000万月活跃用户，具有庞大的互联网金融用户基础。

湘财证券于1999年获得中国证监会批准，系首家全国性综合类证券公司，经过多年发展，其业务规模和综合竞争实力逐年提升，已经形成了具有自身特色和竞争力的业务发展模式。本次交易完成后，大智慧与湘财证券将进行深度战略合作，双方将实现资源共享、优势互补。大智慧的互联网金融客户群、在大数据方面的积累和服务能力及互联网金融信息服务平台，将与湘财证券的传统券商业务进行结合，积极打造以用户需求为导向，以资产管理为中心，集信息、资讯、交易、销售、理财等金融服务为一体的一站式互联网金融服务平台。

公司的全资子公司AASTOCKS.com LIMITED（阿斯达克网络信息有限公司）是香港最大的金融信息服务商和财经网站，其旗下的全资子公司Ayers Solutions Limited（艾雅斯资讯科技有限公司）是香港最大的交易柜台提供商。公司于2012年收购的日本T&C Financial Research,Inc.（收购后改名为DZH Financial Research, Inc），在日本地区提供金融信息服务。公司于2013年收购的NEXTVIEW PTE LTD（新加坡新思维私人有限公司）在新加坡、马来西亚、泰国等地提供金融信息服务及交易服务，是新加坡第二大金融信息服务提供商。上述公司在海外的业务布局能够有效协助湘财证券开展境外业务。

此外，湘财证券作为传统的证券公司，其风险控制水平较高，且具有专业的金融服务团队，双方进行深度战略合作将提高公司整体的风险控制能力以及对客户的服务水平，降低经营风险，提升持续盈利能力。

（2）补充证券公司资本金，做大做强证券业务。

经过二十年的发展，湘财证券已经达到了一定的业务规模和知名度，但由于净资本不足、融资渠道窄等因素，发展空间受到一定制约，很多业务特别是受净资本、净资产等财务指标限制较大的业务无法大规模开展，业务规模及盈利规模的发展受到较大的制约。

本次重大资产重组的募集配套资金用于增加湘财证券的资本金，将大幅提高湘财证券的净资本实力，扩大业务规模和盈利规模，增强其综合竞争力。本次重大资产重组完成后，湘财证券将成为上市公司的子公司，公司将适时在资本市场进行融资，积极支持证券业务的发展，做大做强证券业务。

（3）增强上市公司整体实力。

本次交易完成后，大智慧的总资产和净资产规模将大幅提升，上市公司整体的财务结构将更趋合理。通过整合，大智慧和湘财证券将实现优势互补，发挥协同效应，大智慧与湘财证券在业务规模、盈利水平等方面将得到有效提升，公司治理结构进一步完善，增强抗风险能力，有利于提升上市公司的核心竞争力和整体实力，产生1+1远大于2的战略意义，同时也将带给投资者更为稳定、丰厚的回报。

四、被收购方评估

1. 评估过程

（1）评估准备阶段。

①确定评估方案，编制工作计划。

与委托方沟通了解资产评估基本事项后，拟定初步工作方案，制定评估计划。

②提交资料清单。

根据委估资产特点，提交针对性的尽职调查资料清单，及资产清单、盈利预测表等样表，要求被评估单位进行评估准备工作。

③辅导填表。

与被评估单位相关工作人员联系，辅导被评估单位按照资产评估的要求准备评估所需资料及填报相关表格。

（2）尽职调查现场评估阶段。

①审阅核对资料。

对企业提供的申报资料进行审核、鉴别，并与企业有关财务记录数据进行核对，对发现的问题协同企业做出调整。

②重点清查。

根据申报资料，对被评估单位办公场所、经营性资产进行重点清查。

③尽职调查访谈。

根据被评估单位提供的未来发展规划、盈利预测等申报资料，与企业管理人员进行座谈，就未来发展趋势尽量达成一致。

④确定评估途径及方法。

根据委估资产的实际状况和特点，确定资产评估的具体模型及方法。

⑤进行评定估算。

根据达成一致的认识确定评估模型并进行评估结果的计算，起草相关文字说明。

（3）评估汇总阶段。

对各类资产及方法的初步工作结果进行分析汇总，对评估结果进行必要的调整、修正和完善并提交公司内部复核。

（4）提交报告阶段。

在上述工作基础上，起草资产评估报告，与委托方就评估结果交换意见，在全面考虑有关意见后，按评估机构内部资产评估报告三审制度和程序对报告进行反复修改、校正，最后出具正式资产评估报告。

2. 评估方法

（1）市场法评估情况。

①市场法的理论基础。

《资产评估准则——企业价值》中要求在企业价值评估中，市场法是可以选用的评估方法。应用市场法评估的前提条件是市场是有效的。有效市场理论成为市场法的基本理论基础。有效市场理论起源于对证券价格变化规律的研究，如果证券市场价格能够迅速、充分地反映所有有关该证券的全部可得到信息，就可以说该市场是有效的。

②市场法常用方法。

企业价值评估中的市场法，是指将评估对象与可比上市公司或者可比交易案例进行比较，确定评估对象价值的评估方法。市场法常用的两种具体方法是上市公司比较法和交易案例比较法。

上市公司比较法是指获取并分析可比上市公司的经营和财务数据，计算适当的价值比率，在与被评估企业比较分析的基础上，确定评估对象价值的具体方法。对于上市公司比较法，由于所选交易案例的指标数据的公开性，使得该方法具有较好的操作性。使用市场法估值的基本条件是：需要有一个较为活跃的资本、证券市场；可比公司及其与估值目标可比较的指标、参数等资料是可以充分获取。证券公司监管严格，信息披露充分。目前，除2014年12月29日上市的国信证券外，A股有19家证券类上市公司，存在较多的可比上市公司，可以充分可靠的获取可比公司的经营和财务数据，故本次选择采用上市公司比较法。

交易案例比较法是指获取并分析可比企业的买卖、收购及合并案例资料，计算适当的价值比率，在与被评估企业比较分析的基础上，确定评估对象价值的具体方法。国内证券行业交易案例虽然较多，但与交易案例相关联的、影响交易价格的某些特定的条件无法通过公开渠道获知，无法对相关的折价或溢价做出分析，因此交易案例比较法实际运用操作较难。

本次评估采用市场法中的上市公司比较法。

③市场法评估思路。

a. 价值比率的选取。

就金融企业而言，价值比率通常选择市盈率（PE）、市净率（PB）、企业价值与折旧息税前利润比率（EV/EBITA）、企业价值与税后经营收益比率（EV/NOIAT）等。在上述四个指标中，企业价值与折旧息税前利润比率（EV/EBITA）、企业价值与税后经营收益比率（EV/NOIAT）侧重企业整体价值的判断；而市盈率、市净率侧重股东权益价值的判断，以合理确定评估对象的价值为目的。由于本次评估的企业是证券公司，其收入和盈利与资本市场的关联度较强，国内资本市场的波动性较大，导致证券公司的收入和盈利波动较大，而市盈率通常适用于盈利相对稳定，波动性较小的行业，因此本次不适宜采用市盈率。采用市净率，是证券公司的主流估值方法。

企业的市净率反映企业的市场价值与其账面值的背离情况，代表着企业净资产的溢价或折价程度。在周期性比较强的行业中，市盈率以及一些与收入相关的指标随着行业周期变动较大，而市净率无论行业景气与否，每股净资产一般不会变动很大，在企业股权转让中具有较大参考价值。证券行业属周期性的行业，因此本次价值比率选用市净率（PB）。

b. 评估思路。

此次评估采用的上市公司比较法，基本评估思路如下。

确定可比上市公司。主要通过分析上市证券公司在总资产、净资本、净资产、营业收入、净利润五个方面与被评估企业的可比性，选取可比公司。

分析、比较被评估企业和可比企业的主要财务指标，主要包括盈利能力、资产规模、经营能力、风险管理能力、创新能力等。

对可比企业选择适当的价值乘数，并采用适当的方法对其进行修正、调整，进而估算出被评估企业的价值乘数。

根据被评估企业的价值乘数，在考虑缺乏市场流通性折扣基础上，最终确定被评估企业的股权价值。

评估公式为：

目标公司股权价值=目标公司总股本×目标公司*P/B*×目标公司每股账面净资产

其中：

目标公司*P/B*=修正后可比公司*P/B*的加权平均值=可比公司*P/B*

×可比公司*P/B*修正系数

可比公司*P/B*修正系数=Ⅱ影响因素Ai的调整系数

影响因素Ai的调整系数=目标公司系数/可比公司系数

c. 流动性折扣。

因为本次选用的可比公司均为上市公司，其股份具有很强的流动性，而评估对象为非上市公司，因此需考虑缺乏流动性折扣。市场流动性是指在某特定市场迅速地以低廉的交易成本买卖证券而不受阻的能力。市场流动性折扣（DLOM）是相对于流动性较强的投资，流动性受损程度的量化。一定程度或一定比例的市场流动性折扣应该从该权益价值中扣除，以此反映市场流动性的缺失。借鉴国际上定量研究市场流动性折扣的方式，本次评估我们结合国内实际情况采用新股发行定价估算市场流动性折扣。

所谓新股发行定价估算方式就是研究国内上市公司新股IPO的发行定价与该股票正式上市后的交易价格之间的差异来研究缺少流通折扣的方式。国内上市公司在进行IPO时都是采用一种所谓的询价的方式为新股发行定价，新股一般在发行期结束后便可以上市交易。新股发行的价格一般都要低于新股上市交易的价格。可以认为新股发行价不是一个股票市场的交易价，这是因为此时该股票尚不能上市交易，也没有"市场交易机制"，因此尚不能成为市场交易价。当新股上市后这种有效的交易市场机制就形成了，因此可以认为在这两种情况下价值的差异就是由于没有形成有效市场交易机制的因素造成的。

因此可以通过研究新股发行价与上市后的交易价之间的差异来定量研究市场流动性折扣。根据对2002—2011年IPO的1200多个新股发行价的分析，通过研究其与上市后第一个交易日收盘价、上市后30日价、60日价以及90日价之间的关系，测算折扣率间于7.8%～43%，平均值为30.60%，其中金融行业为27.82%。

统计数据27.82%为金融行业（包含银行、保险公司等）的平均值，经验证据表明，公司的财务状况和缺乏流动性折价密切相关，历史年度经营不佳、财务杠杆较高，主营业务不突出的公司流动性折价一般高于经营稳健的公司，考虑到本次评估对象湘财财务状况较好，经营稳健，因此本次结合评估对象情况综合确定流动性折扣为25%。

④市场法评估过程。

a.可比公司的选择。

通过分析上市证券公司在总资产、净资本、净资产、营业收入、净利润五个方面与湘财证券的可比性，可以看山东北证券、国海证券、西部证券、国金证券和山西证券五家公司与湘财证券资产规模、营收情况相当，而且五家上市公司在基准日期间均无由于重大事项停牌，所以选取该五家公司为可比公司，具体如表4-40所示。

表4-40　选取证券公司及其代码

序号	证券代码	证券简称
1	000686.SZ	东北证券
2	000750.SZ	国海证券
3	002673.SZ	西部证券
4	600109.SH	国金证券
5	002500.SZ	山西证券

资料来源：全国中小企业股份转让系统

• 东北证券股份有限公司。

东北证券股份有限公司是经中国证监会核准由锦州经济技术开发区六陆实业股份有限公司定向回购股份暨以新增股份换股吸收合并东北证券有限责任公司而设立，于1988年8月24日成立，注册地址为吉林省长春市，注册资本为195716.60万元。

东北证券经营范围包括证券经纪，证券投资咨询，与证券交易、证券投资活动有关的财务顾问，证券承销与保荐，证券自营，证券资产管理，融资融券，证券投资基金代销，为期货公司提供中间介绍业务，代销金融产品。

• 国海证券股份有限公司。

国海证券股份有限公司前身为广西证券公司，1988年经中国人民银行批准正式设立，是国内首批设立并在广西区内注册的唯一一家全国性证券公司。2001年，增资扩股并更名为国海证券有限责任公司。2011年8月，国海证券有限责任公司借壳桂林集琦药业股份有限公司在国内A股市场上市，更名为国海证券股份有限公司。

国海证券经营范围：证券经纪，证券投资咨询，与证券交易、证券投资活动有关的财务顾问，证券承销与保荐，证券自营，证券资产管理，证券投资基金代销，为期货公司提供中间介绍业务，融资融券，代销金融产品。

• 西部证券股份有限公司。

西部证券股份有限公司2001年1月9日在陕西省工商行政管理局注册成立，《企业法人营业执照》现注册号为610000100026931，注册资本100000.00万元人民币。

西部证券经营范围主要为：证券经纪，证券投资咨询，与证券交易、证券投资活动有关的财务顾问，证券承销与保荐，证券自营，证券资产管理，融资融券，证券投资基金代销，为期货公司提供中间介绍业务（经营证券业务许可证有效期至2015年7月18日），代销金融产品业务。

• 国金证券股份有限公司。

国金证券股份有限公司为成都城建投资发展股份有限公司吸收合并国金证券有限责任公司后更名而成。2012年10月29日，经中国证监会《关于核准国金证券股份有限公司非公开发行股票的批复》（证监许可〔2012〕1412号），核准国金证券非公开发行股票293829578股，发行后股份数量为1294071702股。公司于2013年1月31日完成工商变更登记，并取得成都市工商行政管理局换发的注册号为510100000093004的《企业法人营业执照》。注册地址：成都市青羊区东城根上街95号。

国金证券经营范围：证券经纪，证券投资咨询，与证券交易、证券投资活动有关的财务顾问，证券承销与保荐，证券自营，融资融券，证券资产管理，证券投资基金代销，为期货公司提供中间介绍业务，代销金融产品（凭许可证经营，有效期至2016年3月28日）。

• 山西证券股份有限公司。

山西证券股份有限公司于1988年7月28日注册成立并于成立日获得山西省工商行政管理局核发的注册号为140000100003883的企业法人营业执照，及中国证监会核发的编号为Z20614000号的经营证券业务许可证。山西证券于2014年3月19日完成变更工商注册登记，注册资本251872.52万元。注册地址：山西省太原市府西街69号山西国际贸易中心东塔楼。

山西证券经营范围：证券经纪业务，融资融券业务，证券自营业务，证券承销业务，受托资产管理业务，商品期货经纪，金融期货经纪业务及投资与资产管理等。

b. 目标公司与可比公司比较分析。

参照常用的证券公司核心竞争力评价指标体系，本次修正因素选择资产规模、盈利能力、经营能力、成长能力、风险管理能力、创新能力六个方面17个指标。各项指标均以湘财证券为标准，分100分进行对比调整，可比证券公司各指标系数与目标证券公司比较后确定，低于目标公司指标系数的则调整系数小于100，高于目标公司指标系数的则调整系数大于100。修正指标数据选取口径为合并报表，除净资本、净资本负债率、净资本/各项风险准备之和、净资本/净资产四个指标数据为2014年6月30日数据，其余指标均为评估基准日2014年9月30日数据。

• 资产规模比较。

由于我国对于证券业企业实行净资本管理，净资本是在充分考虑了证券公司资产可能存在的市场风险损失和变现损失基础上，对证券公司净资本进行风险调整的综合性监管指标，用于衡量证券公司资本充足性，故净资本对于证券行业企业来说至关重要。本次调整资产规模选取总资产规模和净资本两个指标。

表4-41　资产规模

公司名称	资产规模	
	总资产（万元）	净资本（万元）
东北证券	2907168.44	435536.94
山西证券	2159834.65	404643.08
国金证券	2076125.06	602009.91
国海证券	2442832.45	436430.03
西部证券	2051533.18	393297.14
湘财证券	2119094.04	293633.72

资料来源：全国中小企业股份转让系统

• 盈利能力比较。

选取营业收入、归属于母公司股东净利润、净资产收益率和总资产报酬率四个指标。

表4-42　盈利能力

公司名称	盈利能力			
	营业收入（万元）	归属于母公司净利润（万元）	净资产收益率	总资产报酬率
东北证券	184661.78	60232.20	7.71%	3.28%
山西证券	135288.45	37128.63	5.31%	2.66%
国金证券	177610.78	54878.39	7.62%	4.04%
国海证券	167264.42	46545.07	7.32%	3.30%
西部证券	111412.62	42083.08	8.67%	3.58%
湘财证券	90447.98	29726.06	7.87%	2.35%

资料来源：全国中小企业股份转让系统

• 经营能力比较。

选取手续费及佣金收入、代理买卖证券业务净收入、证券承销业务净收入、受托客户资产管理业务净收入四个指标。

表4-43　经营能力

公司名称	经营能力			
	手续费及佣金收入（万元）	代理买卖证券业务净收入（万元）	证券承销业务净收入（万元）	受托客户资产管理业务净收入（万元）
东北证券	94566.91	60880.06	17803.71	3423.79
山西证券	75073.30	49921.19	24688.88	425.57
国金证券	105512.44	58577.21	33467.15	6655.17
国海证券	102717.13	67017.04	18849.56	2877.52
西部证券	66012.69	52738.28	10832.61	2208.68
湘财证券	54518.11	43752.47	5921.13	3798.28

资料来源：全国中小企业股份转让系统

• 成长能力比较。

结合证券行业的特点，本次选用归属于母公司股东的净利润增长率以及收入增长率作为其对比的因素来反映企业所具有的成长潜力。增长率越高，越能显示企业的经营活动具有较强的竞争能力或较好的成长性，公司估值溢价越高。选取2014—2016年预计收入复合增长率和2014—2016年预计利润复合增长率两个指标，可比公司预测数据来源于Wind资讯中的企业预测数据，湘财证券预测数据来源于收益法预测数据。

表4-44　成长能力

公司名称	成长能力	
	2014—2016年预计收入复合增长率	2014—2016年预计利润复合增长率
东北证券	5%	6%
山西证券	4%	14%
国金证券	23%	23%
国海证券	14%	14%
西部证券	12%	22%
湘财证券	15%	20%

资料来源：全国中小企业股份转让系统

• 风险管理能力比较。

此次市场法评估将"以净资本为核心的风险控制指标"作为一项价值调整因素，风险控制指标值越高，认为公司综合性风险控制越好，公司的盈利能力持续性、稳定性越好，业务扩张能力越强。中国证监会每年发布的证券公司分类评级评价，主要体现的是证券公司合规管理和风险控制的整体状况，本次也纳入对比体系。选取2014年证监会分类、净资本/各项风险准备之和、净资本/净资产三项指标。

表4-45　风险管理能力

公司名称	风险管理能力		
	2014年证监会分类	净资本/各项风险准备之和	净资本/净资产
东北证券	BBB	313.44%	57%
山西证券	A	524.65%	58%
国金证券	AA	769.01%	81%
国海证券	A	444.04%	71%
西部证券	BBB	560.96%	82%
湘财证券	BBB	408.95%	79%

资料来源：全国中小企业股份转让系统

• 创新能力比较。

持续创新是金融机构，尤其是证券公司持续发展的核心。纵观国际投行的发展史，创新是他们盈利持续快速增长的基础，尽管过度创新导致了金融危机的爆发，但在加强监管的背景下，只有创新才能生存。

2014年证券公司业务创新能力主要体现个股期权和港股通等方面。选取个股期权、港股通两个业务比较。

表4-46 创新能力

公司名称	创新能力	
	个股期权	港股通
东北证券	有	有
山西证券	有	有
国金证券	有	有
国海证券	有	有
西部证券	有	有
湘财证券	有	有

资料来源：全国中小企业股份转让系统

• 调整系数的确定。

各项指标均以湘财证券为标准分100分进行对比调整，可比证券公司各指标系数与目标证券公司比较后确定，低于目标公司指标系数的则调整系数小于100，高于目标公司指标系数的则调整系数大于100。

PB修正系数=湘财证券得分/可比公司得分

根据上述对调整因素的描述及调整系数确定的方法，各影响因素调整系数详见表4-47。

表4-47 影响因素调整系数

公司名称	资产规模	盈利能力	经营能力	成长能力	风险管理能力	创新能力
东北证券	107	105	102	95	99	100
山西证券	102	101	101	97	101	100
国金证券	103	105	104	104	105	100
国海证券	105	103	102	98	102	100
西部证券	101	103	100	100	102	100

资料来源：全国中小企业股份转让系统

• 修正系数调整表。

根据已确定的调整系数，PB系数调整表如表4-48所示。

表4-48 PB系数调整表

公司名称	资产规模	盈利能力	经营能力	成长能力	风险管理能力	创新能力
东北证券	0.9346	0.9569	0.9828	1.0526	1.0135	1.0000
山西证券	0.9852	0.9950	0.9950	1.0363	0.9868	1.0000
国金证券	0.9689	0.9569	0.9639	0.9662	0.9524	1.0000
国海证券	0.9569	0.9756	0.9828	1.0204	0.9836	1.0000
西部证券	0.9950	0.9732	1.0025	1.0050	0.9804	1.0000

资料来源：全国中小企业股份转让系统

· 评估基准日可比上市公司P/B的确定。

由于五家可比公司2014年三季报主要在10月底公布，根据评估基准日及可比公司三季报公布时间，本次评估中的有效价格选取9—10月两个月的区间成交均价，具体如表4-49所示。

表4-49　成交均价

公司名称	9—10月区间成交均价（元/股）
东北证券	9.4891
山西证券	7.9798
国金证券	19.8212
国海证券	9.9227
西部证券	14.2287

资料来源：全国中小企业股份转让系统

可比公司PB根据上述区间成交均价和基准日每股归母净资产确定，如表4-50所示。

表4-50　可比公司PB

公司名称	修正系数	可比公司市净率	修正后市净率
东北证券	0.9377	2.2694	2.1280
山西证券	0.9975	2.8376	2.8306
国金证券	0.8223	3.3416	2.7479
国海证券	0.9209	3.5085	3.2311
西部证券	0.9566	3.3740	3.2275
平均值	—	—	2.8330

资料来源：全国中小企业股份转让系统

取修正后可比公司市净率的平均值为修正后湘财证券市净率，为2.8330。

c. 流通性折扣率的确定。

因为本次选用的可比公司均为上市公司，其股份具有很强的流动性，而评估对象为非上市公司，因此需考虑缺乏流动性折扣。市场流动性是指在某特定市场迅速地以低廉的交易成本买卖证券而不受阻的能力。市场流动性折扣（DLOM）是相对于流动性较强的投资，流动性受损程度的量化。一定程度或一定比例的市场流动性折扣应该从该权益价值中扣除，以此反映市场流动性的缺失。借鉴国际上定量研究市场流动性折扣的方式，本次评估结合国内实际情况采用新股发行定价估算市场流动性折扣。

所谓新股发行定价估算方式就是研究国内上市公司新股IPO的发行定价与该股票正式上市后的交易价格之间的差异来研究缺少流通折扣的方式。国内上市公司在进行IPO时都是采用一种所谓的询价的方式为新股发行定价，新股一般在发行期结束后便可以上市交易。新股发行的价格一般都要低于新股上市交易的价格。可以认为新股发行价不是一个股票市场的交易价，这是因为此时该股票尚不能上市交易，也没有"市场交易机制"，因此尚不能成为市场交易价。当新股上市后这种有效的交易市场机制就形成了，因此可以认为在这两种情况下价值的差异是由于没有形成有效市场交易机制的因素造成的。

因此可以通过研究新股发行价与上市后的交易价之间的差异来定量研究市场流动性折扣。根据对2002—2011年IPO的1200多个新股发行价的分析，通过研究其与上市后第一个交易日收盘价、上市后30日价、60日价以及90日价之间的关系，测算折扣率间于7.8%～43%，平均值为30.6%，其中金融行业为27.82%。

统计数据27.82%为金融行业（包含银行、保险公司等）的平均值，经验证据表明，公司的财务状况和缺乏流动性折价密切相关，历史年度经营不佳、财务杠杆较高，主营业务不突出的公司流动性折价一般高于经营稳健的公司，考虑到本次评估对象湘财证券财务状况较好，经营稳健，因此本次结合评估对象情况综合确定流动性折扣为25%。

扣除流动性折扣后湘财证券PB=2.8330×（1-25%）=2.1248

d. 评估结果。

根据湘财证券评估基准日2014年9月30日审计报告，湘财证券合并报表中归属母公司净资产为400314.87万元。湘财证券的全资子公司历道证券博物馆为民办非企业法人，以非营利为目的，其资产478.11万元为无收益资产。

湘财证券有收益净资产为400314.87-478.11=399836.76万元。

根据上述确定的湘财证券的市净率（PB）值，得出湘财证券的有收益净资产价值为2.1248×399836.76=849555.47万元。

湘财证券股东全部权益价值为849555.47+478.11=850033.58万元。

（2）收益法评估情况。

①收益法具体方法和模型的选择。

a. 收益法概述。

收益法常用的具体方法包括股利折现法和现金流量折现法。现金流量折现法是通过将企业未来预期净现金流量折算为现值来评估资产价值的一种方法。其基本思路是通过估算资产在未来预期的净现金流量和采用适宜的折现率折算成现时价值，得出评估价值。其适用的基本条件是：企业具备持续经营的基础和条件；经营与收益之间存有较稳定的对应关系；未来收益和风险能够预测及可量化。使用现金流折现法的最大难度在于未来预期现金流的预测，以及数据采集和处理的客观性和可靠性等。当对未来预期现金流的预测较为客观公正、折现率的选取较为合理时，其估值结果具有较好的客观性。

b. 评估思路。

根据本次评估尽职调查情况以及企业的资产构成和主营业务特点，本次评估的基本思路是以企业提供的报表为依据估算其股东全部权益价值（净资产），即首先按收益途径采用股权现金流折现方法（DCF），估算企业的经营性资产的价值，再加上基准日的其他非经营性或溢余性资产的价值，来得到企业的价值。

c. 评估模型。

• 基本模型。

本次采用的DCF 模型为三段评估模型，其中第一阶段为超长增长阶段，根据对企业未来0.25～4.25年股权自由现金流量增长情况进行预测；第二段为过渡增长阶段，企业在未来的5.25～9.25年股权自由现金流量处于过渡增长阶段；第三段为稳定增长阶段，股权自由现金流量保持稳定增长。

• 收益指标。

本次评估，使用股权自由现金流量作为评估对象的收益指标，其基本定义为：

$$R = 企业净利润 - 股东权益增加额$$

根据评估对象的经营历史以及未来市场发展等，估算其未来预期的股权自由现金流量。将未来经营期内的股权自由现金流量进行折现处理并加和，测算得到股东权益价值。

• 折现率。

本次评估采用资本资产定价模型（CAPM）确定折现率re。

②收益期和预测期的确定。

a. 收益期的确定。

由于评估基准日被评估单位经营正常，没有对影响企业继续经营的核心资产的使用年限进行限定和对企业生产经营期限、投资者所有权期限等进行限定，或者上述限定可以解除，并可以通过延续方式永续使用。故假设被评估单位评估基准日后永续经营，相应的收益期为无限期。

b. 预测期的确定。

由于企业近期的收益可以相对合理地预测，而远期收益预测的合理性相对较差，按照通常惯例，评估中将企业的收益期划分为预测期和预测期后两个阶段。

经过综合分析，预计被评估单位于2018年结束超长增长阶段，故预测期截至到2018年末。

③预测期的收益预测。

a. 营业收入预测。

湘财证券营业收入主要包括经纪业务手续费收入、投资银行业务手续费收入、资产管理业务手续费收入、投资咨询业务收入、利息收入、投资收益及其他业务收入。

b. 营业支出预测。

湘财证券营业支出主要包括营业税金及附加和业务及管理费用两大类。评估人员在核实和分析企业提供的以前年度营业支出明细项目基础上，按其成本构成和变化规律分类进行预测。

④权益资本价值估算。

a. 预测期内收益快速增长阶段现值。

将得到的快速增长期（2014年10月—2018年）股权现金流代入第一阶段模型，得到评估对象的稳定快速增长阶段现值为182359.57万元。

b. 预测期内过渡增长阶段现值。

企业在未来的2019—2023年净利润保持7.5%的增长率，该阶段现值为197518.23万元。

c. 预测期后连续价值。

湘财证券在2023年后为预测期后阶段，由于在盈利预测中考虑了企业20%的留存收益，净资产收益率为20%左右。

增长率=留存收益率×净资产收益率，本次增长率取3%，得到评估对象的预测期后连续价值为372039.67万元。

⑤溢余性资产及负债价值的确定。

评估基准日公司资产只有货币资金39.01万元和可供出售金融资产5725.00万元,净资产为5489.78万元。以账面净资产确认评估值为5489.78万元。按照上述方法,长期投资合计账面价值12991.13万元,评估值13484.24万元。具体评估结果如表4-51所示。

表4-51 评估结果

序号	被投资单位名称	投资日期	投资比例	基准日账面价值（万元）	评估值（万元）
1	北京福创科技股份有限公司	2000年1月	11%	432.50	416.35
2	海南神龙氨基酸肥料股份公司	2001年3月	18.31%	—	—
3	英大证券有限责任公司	2001年4月	0.91%	7100.00	7100.00
4	厉道证券博物馆	2007年9月	100%	458.63	478.11
5	金泰福资本管理有限责任公司	2013年11月	100%	5000.00	5489.78
合计	—	—	—	12991.13	13484.24

资料来源:全国中小企业股份转让系统

⑥股东全部权益价值。

评估对象的股东全部权益价值为:

$$E=P+\sum C_i=751917.48+13484.24=765401.72（万元）$$

3. 评估假设

（1）一般假设。

①交易假设。

交易假设是假定所有待评估资产已经处在交易的过程中,评估师根据待评估资产的交易条件等模拟市场进行估价。交易假设是资产评估得以进行的一个最基本的前提假设。

②公开市场假设。

公开市场假设是假定在市场上交易的资产,或拟在市场上交易的资产,资产交易双方彼此地位平等,彼此都有获取足够市场信息的机会和时间,以便于对资产的功能、用途及其交易价格等作出理智的判断。公开市场假设以资产在市场上可以公开买卖为基础。

③资产持续经营假设。

资产持续经营假设是指评估时需根据被评估资产按目前的用途和使用的方式、规模、频度、环境等情况继续使用，或者在有所改变的基础上使用，相应确定评估方法、参数和依据。

（2）特殊假设。

①国家现行的宏观经济、税率等政策不发生重大变化。

②湘财证券所处的社会经济环境以及所执行的税赋、税率等政策无重大变化。

③湘财证券未来的经营管理班子尽职，并持续保持现有的经营管理模式持续经营。

④湘财证券主管业务收入主要来源于手续费及佣金净收入和利息收入，不考虑企业未来可能新增的业务。

⑤评估只基于基准日现行的经营策略、经营能力和经营状况，不考虑未来可能由于管理层变动而导致的变化。

⑥本次评估测算的各项参数取值不考虑通货膨胀因素的影响。

⑦央行利率与汇率在本盈利预测编制日后的预测期间内将无重大变动。

4. 评估结论

（1）收益法评估结果。

经采用收益法评估，湘财证券评估基准日经审计的账面净资产为399824.49万元，评估值为765401.72万元，评估增值365577.23万元，增值率为91.43%。

（2）市场法评估结果。

经采用市场法评估，湘财证券评估基准日经审计的账面净资产为399824.49万元，评估值为850033.58万元，评估增值450209.09万元，增值率为112.60%。

（3）评估结论的确定。

本次评估对象为证券公司，证券公司的经营业绩和盈利能力与证券行业景气程度高度相关。证券行业景气程度受全球经济形势、国民经济发展速度、宏观经济政策、利率、汇率、行业发展状况、投资者心理等多种因素影响，呈现出波动性特征，证券公司的经营业绩和盈利能力也呈现出较大的波动性。2014年以来，证券行业正在酝酿改革，随着各项改革措施成熟、落地和推进，证券行业将发生深刻变化，证券公司的未来发展也因此具有较大不确定性。

市场法是以现实市场上的参照物来评价评估对象的价值，它具有评估角度和评估途径直接、评估过程直观、评估数据直接取材于市场、评估结果说服力强等特点，更能客观反映评估对象的价值。

参考本次评估目的，采用市场法评估结果确定湘财证券的市场价值更为合理。因此采用市场法的评估结果作为最终评估结论。

湘财证券股东全部权益在评估基准日的市场价值为850033.58万元。

本案例是新三板并购中金额最大的一笔，并购有利于双方进行深度战略合作，有利于大智慧打造互联网金融服务平台，湘财证券也得以达到曲线上市的目标。

第五章
新三板并购展望

目前发生在新三板市场上的并购案例逐渐增多，随着市场的不断完善和发展，企业数量和质量都将不断变化。并购作为企业快速发展必不可少的一条路径，也必将迎来大的发展。可以想象，如果放开外资对国内企业的并购限制，我们有足够理由相信未来中国企业走出去并购或被国外企业并购的案例将会越来越多。

第一节
挂牌企业数量增多，提供更多标的

近年来，上市公司并购重组热潮不断兴起，发掘合适的并购标的往往成为上市公司最头痛的一大问题。新三板挂牌企业覆盖的行业较为全面，这其中也不乏具有技术优势和创新模式的公司，为上市公司谋求外延扩张或跨界转型提供了可选择的标的范围。2013年以来，新三板市场发展迅速，无论是挂牌企业数量、融资额度，还是并购数量都有较大幅度增长。随着新三板挂牌企业数量越来越多，企业质量越来越高，新三板将成为上市公司选择并购标的的优先市场。新三板挂牌企业各方面制度都相对完善，信息公开，为上市公司并购降低了风险。

新三板挂牌公司并购成本较低，且具有较好的信息披露和财务透明度，较好的公司治理有利于上市公司降低并购成本。这些优势促使上市公司优先选择新三板挂牌公司为并购标的，新三板已然成为上市公司并购"标的池"。仅2015年一年，新三板就新增3265家挂牌企业，相信这样的快速增长势头仍然会保持下去。标的池的不断增大为上市公司寻求并购标的提供了更多选择，未来新三板并购将成为我国并购市场的主旋律。

第二节
制度完善为并购提供支持

新三板配套制度不断完善有利于整个市场的活跃，能够增强新三板挂牌企业的吸引力，促进并购重组。预计未来将通过推出竞价交易、降低投资者门槛、放宽机构做市资格等方式来提升新三板的流动性和交易活跃度；通过引入优先股、可转债等融资工具丰富融资途径；推出转板机制鼓励优质企业向主板转移，以增强新三板的魅力。

新三板与主板相比，发展水平还有较大差距，究其原因，主要有以下几个方面。首先，虽然做市商制度已推出，但大部分新三板挂牌企业仍采用协议转让方式，协议转让方式不利于提高市场流动性。其次，新三板对个人投资者较高的门槛限制了投资者的进入。当前个人投资者准入门槛为500万元，这一准入门槛，大部分中小投资者无法达到，因此参与新三板市场的投资者数量大大减少了。第三，新三板企业股权集中度过高，按照《公司法》规定，改制以后发起人在一年之内股份不能转让。在这种情况下，往往很多企业挂牌之后没有可转让的股份。

针对上述问题，股转系统积极研究推出相关政策以促进新三板更进一步发展。2014年8月25日，新三板做市商制度正式实施。40余家企业成为试点挂牌做市企业，预计未来做市转让会逐步扩展到新三板其他公司，做市交易将成为新三板交易的重要方法，极大改善新三板流动性。

集合竞价制度也将在新三板市场发展到一定阶段后推出，集合竞价制度的推出或将彻底解决流动性问题。设想新三板市场引入集合竞价和连续竞价机制，按照"价格优先、时间优先"的原则，由交易系统自动撮合交易，那么成交效率将大大提高，且双方无法操纵价格，这对新三板市场有极大的促进作用。

现在对投资人的门槛限制，实际上是为避免新三板在发展最初出现混乱而制定的高标准，其目的在于防范风险。随着新三板市场发展，该标准一定会有所降低，以符合对中小投资者公平交易的原则。

相信多项利好制度的落实能有效提升流动性水平，流动性的提升将带来连续的价格曲线，所形成的公允价格将为企业未来并购重组提供价格依据。

2014年6月27日，证监会发布《非上市公众公司收购管理办法》和《非上市公众公司重大资产重组管理办法》，明确非上市公司收购的具体程序、信息披露要求、资产重组管理办法等，为新三板挂牌企业的并购与被并购提供了明确的政策支持。

2014年11月5日，中国证券业协会发布《并购重组私募债券试点办法》，丰富了新三板公司并购重组融资工具。

以上法律法规的出台都释放了明确的政策信号——鼓励新三板公司使用多种融资工具，通过并购重组做大做强。

2013年12月24日，国务院发布《关于全国中小企业股份转让系统有关问题的决定》，提出在全国股份转让系统挂牌的公司，达到股票上市条件的，可以直接向证券交易所申请上市交易。该政策为新三板公司转板提供了最有力的政策支持。

2014年10月9日，证监会发布《支持深圳资本市场改革创新意见》，允许尚未盈利、但符合一定条件的互联网和科技创新企业在全国中小企业股份转让系统挂牌满12个月后，到创业板发行上市，进一步提升了新三板公司潜在的转板预期。

在IPO排队情形迟迟难以缓解的情况下，新三板转板制度若能落地，将大大提升新三板的吸引力。未来极有可能首先以互联网公司作为试验田，打通新三板和创业板的转板机制，互联网公司转创业板上市符合如今全球资本市场的趋势，未来以此作为突破口的概率很大。未来随着新三板发展不断完善，企业在新三板市场同样可以获得资金支持，得到相应服务，那就不一定非要转板。但转板制度的建立有其必要性，未来满足一定标准的企业可自由选择是留在新三板市场还是转向主板。相信在转板制度推出的强烈预期下，套利动机将加快新三板公司的并购重组步伐。

长远来看，注册制的改革将会促进新三板市场顶层制度的加快完善，使其功能定位更加清晰，使其真正成为多层次资本市场的重要组成部分，是一个长期利好。

第三节
创投机构参与度不断增强

新三板蓬勃发展的势头吸引了广泛的市场关注，越来越多的创投机构发现了新三板市场中蕴含的黄金投资机会。相信未来会有更多VC/PE机构介入，借助项目退出、定向增发融资、并购重组等方式参与新三板财富盛宴。

无论是新兴创投机构还是老牌机构都在加紧对新三板市场布局，参与度不断增强。新兴创投机构如东方汇富、天星资本、凤博投资等，或在企业挂牌之前进入，或在挂牌之后参与，对新三板标签企业的升值空间寄予厚望。一些老牌的VC/PE机构，如启迪创投、深创投、九鼎投资、达晨创投等参与的挂牌企业数量居前，其中存量项目占据不少比例。与此同时，部分机构开始发行新三板主题基金，在存量投资基础上，加大对新三板市场布局。

注册制的提出更提升了创投机构参与新三板投资的积极性。如果注册制得以顺利推出，则创投机构会更加大胆地去投资那些尚处于发展初期还未盈利的企业。

注册制的提出为本土创投机构注入极大信心。对于本土创投机构而言，注册制出现可以激励他们将资金投入到更为早期的未盈利企业中；而那些未盈利的互联网企业，因为注册制即将推出，可以事先在新三板进行资本市场过渡。交易制度的完善和规模的扩大营造了良好的投资环境，吸引了众多创投机构参与。2014年4月29日，九鼎投资在新三板挂牌，公开转让说明书显示，其拟申报IPO或新三板企业多达138家。达晨创投目前参与的企业在新三板挂牌已达10家，仅次于九鼎投资。中科招商的投资速度也非常快，目前已参与骏汇股份、铂亚信息、星业科技和金山顶尖等企业。中科招商公开转让说明书显示，其在管项目已挂牌新三板的有10家，还有25家拟申报新三板。

创投机构在进行投资活动时，很关注的一点是退出渠道是否通畅。无论是在企业发展初期就进入还是参与企业后续定向增发，创投机构都要求能够顺利退出。在IPO受限情况下，通过新三板实现部分被投项目股权转让是退出途径之一。随着新三板挂牌公司越来越多，分布的行业越来越广，新三板已逐渐演绎成企业并购重组的重要标的池，创投机构也从新三板公司的并购整合案中获益。以芭田股份收购阿姆斯为例，潜伏其中的燕航创投获益颇丰。根据收购方案，芭田股份向燕航创投发行115.59万股股份支付交易对价，芭田股份目前股价为8.79元，该交易对价的账面金额已逾千万元。而燕航创投当时获得阿姆斯的成本仅为660万元，目前浮盈近70%。此外，联建光电收购易事达一役中，易事达背后的九鼎投资同样获益不菲。与此同时，激光装备和世纪东方背后也潜伏着创投机构。其中，华创赢达持有激光装备46.54万股，占其总股本的3.25%；红岭创投持有世纪东方300万股，占其总股本的8.61%。

新三板挂牌企业数量众多，其中包含许多优质的、具有高成长性的企业，这对于创投机构来说有很大的吸引力。政策方面，2014年11月23日正式实施的新重组办法将加快并放宽对并购的审批，有助于企业减少并购过程中面临的不确定性风险，有助于VC/PE机构推动其所投资企业接受或发起并购，以实现项目退出。

第四节
新三板企业寻求主动并购

一般而言，企业重组和并购的动因是多方面的，并购也是双向的。当前所说的或目前发生的新三板并购大都是指新三板挂牌企业作为并购标的被主板上市公司并购，未来新三板挂牌企业作为并购主体，主动并购其他企业也会成为常态。

挂牌前的准备期内，券商、律师事务所、会计师事务所等专业机构会对拟挂牌企业的日常经营管理、规章制度、财务制度等多方面进行指导与规范。与此同时，成功挂牌后企业的融资需求将得到满足，多管齐下，企业将迎来发展的新局面。那些发展前景较好，渴望快速扩张，或是希望获得某种新技术的企业在获得资金支持后主动寻求并购将成为现实，无论是横向并购增强影响力还是纵向并购整合行业资源，对于新三板公司来说都不再是梦想。

实力增强后的新三板挂牌企业成为并购主体这一现象会越来越普遍，可以说新三板为企业并购创造了一个新的平台和展示的舞台。

2014年4月25日，第一个因市场化并购而退出新三板的案例出现，武汉新冠亿碳宣布拟将旗下两家全资子公司100%的股权出售给东江环保；紧接着的5月，中小板公司通鼎光电相中新三板公司瑞翼信息，拟向瑞翼信息全部10名股东发行股份收购其51%股权，此时，瑞翼信息在新三板挂牌才刚满4个月。

面对频频出现的新三板并购"躁动"，2014年6月27日，证监会发布了《非上市公众公司收购管理办法》和《非上市公众公司重大资产重组管理办法》，从政策层面为新三板并购重组铺好了道路。上述政策公布之后不到4个月，九鼎投资便通过增资方式拿下天源证券51%股权，并更名九州证券，为新三板企业自主并购历程画下浓重的一笔。

随着新三板各方面制度的完善，新三板已经成为一个真正的场外市场，可以为企业提供再融资、并购等服务。因此，新三板并购业务吸引了PE机构、券商等各路资本掘金，反向推动了新三板并购热潮。而PE机构也由此看到了退出的另一条道路。以九鼎投资所投企业易事达为例，上市公司联建光电拟收购价约为4.89亿元，其中现金支付约1.47亿元，发行股份支付约3.42亿元。公开资料显示，九鼎投资旗下创投的投资成本为2500万元，据相关测算，其收购退出回报为4737.20万元。越来越多被PE/VC投资的企业进入新三板挂牌。据统计，逾三成新三板企业内嵌创投资本，在带动挂牌企业迅速增加的同时，也成为新三板市场并购发展的基础。

新三板并购的破冰，从资本的角度看，此举客观上实现了新三板公司借重组曲线上市；从产业的视角分析，其更大的意义在于，并购成为A股公司和新三板公司之间产业连接的纽带。

新三板挂牌企业中不乏高新技术产业公司以及主板相对缺乏的稀有行业企业，同时，新三板平均市盈率水平较低，与创业板相比优势十分明显。这为上市公司谋求产业链做强，提供了众多优异可选标的。已有案例中，东江环保收购新冠亿碳、通鼎光电收购瑞翼信息、东方国信收购屹通信息、宝胜股份收购日新传导、大智慧收购湘财证券等，均可见端倪。

不过，从目前已有的并购案例看，多数新三板公司是作为上市公司被并购的对象。由于新三板公司发展的特性，新三板公司主动并购其他企业的案例还比较少。但随着新三板市场内企业规模的分化，新三板企业未来将不仅是被并购的对象，主动并购的现象会越来越普遍，市场内的流动会变得更加均衡。

2016年，更多挂牌公司正在被主板或创业板上市公司收购，其动因在于：（1）新三板已经聚集了相当数量各细分行业的龙头企业；（2）新三板挂牌公司净利润水平不断提升，被收购对增厚主板或创业板上市公司净利润将起到显著效果；（3）新三板公司治理结构规范、信息披露较为充分，便于筛选标的和价值判断以加速并购过程；（4）做市商制度的快速推进以及有可能实施的让私募基金加入做市商行列等因素，会让股价活跃，更加真实反映公司价值、便于换股交易的合理定价；（5）大量私募基金以定向增发或直接收购控股的方式投资到新三板公司，会主动推动被投资公司和主板上市公司的并购重组进行套利。

在本书的写作过程中，编者参阅了大量的书籍和文献，很多公开媒体或行业人士对书中部分内容和案例都有所研究。本书在引用的过程中，做了些消化与吸收，当然也加上了编者自己的从业经验和体会。编者同时也浏览了很多互联网信息，参考了互联网上的一些观点和文章，这些内容在参考文献中无法一一列出。编写本书的目的在于让整个社会更多地关注新三板这个市场、更积极地参与进来，为中国资本市场的发展做出更大贡献。在此对行业相关人士致以最崇高的敬意，相信在所有人的共同努力下，新三板市场的明天会更加美好。

参考文献

[1] 全国中小企业股份转让系统有限责任公司.《全国中小企业股份转让系统业务规则（试行）》，2013.

[2] 刘华杰.《并购中目标企业的价值评估研究》[D]. 西南财经大学硕士学位论文，2006.

[3] 刘志强.《并购中目标企业的价值评估研究》[D]. 北京交通大学硕士学位论文，2009.

[4] 《北京东方国信科技股份有限公司拟收购上海屹通信息科技股份有限公司股权项目资产评估报告》. 中联评报字〔2014〕第575号.

[5] 《深圳市芭田生态工程股份有限公司拟发行股份及支付现金购买北京世纪阿姆斯生物技术股份有限公司100%股权项目资产评估报告》. 中联评报字〔2014〕第962号.

[6] 《珠海欧比特控制工程股份有限公司拟发行股份及支付现金购买资产并募集配套资金所涉及的广东铂亚信息技术股份有限公司股东全部权益价值评估报告》. 银信评报字〔2014〕沪第755号.

[7] 《宝胜科技创新股份有限公司拟收购东莞市日新传导科技股份有限公司股权项目涉及的东莞市日新传导科技股份有限公司股东全部权益价值资产评估报告》.中发评报字〔2014〕第105号.

[8] 《深圳市联建光电股份有限公司拟收购深圳市易事达电子股份有限公司100%股权涉及的该公司股东全部权益价值项目资产评估报告》. 中通评报字〔2014〕第333号.

[9] 《上海大智慧股份有限公司及全资子公司上海大智慧财汇科技有限公司拟通过向湘财证券全体股东非公开发行大智慧股份及支付现金的方式购买湘财证券100%股权项目资产评估报告》. 中联评报字〔2014〕第1133号.

[10] 方少华.《并购成功的关键之人力资源尽职调查》[M]. 南京：南京大学

出版社，2012.

[11] 方少华.《并购成功的关键之财务尽职调查》[M]. 南京：南京大学出版社，2012.

[12] 方少华.《战略咨询》[M]. 第二版. 北京：经济管理出版社，2008.

[13] 方少华.《管理咨询工具箱》[M]. 北京：机械工业出版社，2008.

[14] 方少华.《中国式风险投资》[M]. 北京：企业管理出版社，2010.

[15] 方少华.《新三板的财富机遇》[N]. 上海证券报，2014.

[16] 方少华.《上市公司超募资金投向追踪》[N]. 上海证券报，2015.